AF366567

DE L'ESPRIT

DE

LA RÉVOLUTION.

DE L'ESPRIT

DE

LA RÉVOLUTION

ET DE SES RÉSULTATS NÉCESSAIRES ;

Par J.-Ch. BAILLEUL,

EX-LÉGISLATEUR.

A PARIS,

Chez
{
ANT. BAILLEUL, Imprimeur-Libraire du
Commerce, rue Helvétius, n°. 71 ;
DELAUNAY, Libraire, Palais - Royal,
Galerie de Bois.

A CHALONS, DE L'IMPRIMERIE DE BONNIEZ.

DE L'ESPRIT
DE LA RÉVOLUTION
FRANÇAISE
ET DE SES RÉSULTATS NÉCESSAIRES.

Introduction.

IDÉE GÉNÉRALE ET PLAN DE CET ÉCRIT.

La durée d'un gouvernement est dans la nature et la force de ses institutions.

La puissance des armes ne soumet les nations, comme les individus, que pour quelques instans ; la puissance morale seule les soumet pendant des siècles.

Une telle puissance sera toujours en raison de la sagesse des institutions nécessaires au maintien des sociétés et de leur concours vers un but unique : l'ordre et le bien public. Dans les gouvernemens modernes, la force morale est placée à-peu-près exclusivement, dans ce qu'on appelle RELIGION. La religion est, à le bien prendre, la seule institution qui agisse universellement, et à tous les instans, sur les habitudes et les affections des peuples; les autres institutions ne sont que locales, partielles ou n'appartiennent qu'à des circonstances passagères; aussi la religion a été généralement considérée comme premier élément de l'ordre social.

C'est donc une époque bien extraordinaire que celle où, en France, toute espèce de culte fut proscrit ou méconnu; et il n'est pas moins remarquable qu'après cette indifférence, ou plutôt cet éloignement pour les croyances comme pour les pratiques religieuses, le gouvernement actuel (impérial) dirigé par d'autres principes, se soit déterminé à rétablir les différens cultes et en salarier les ministres.

L'examen rapide de ces deux époques, également importantes et pour le philosophe et pour le citoyen, est le sujet de la première partie de cet écrit.

En partant de ces principes qu'un gouvernement ne peut exister sans une force morale, qu'il n'y a point de force morale sans une doctrine quelconque, point de doctrine sans un corps institué qui la développe, la propage et la maintienne, je rechercherai qu'elle a été la force morale du gouvernement dans la révolution; s'il y a eu véritablement une doctrine et une institution au moyen de laquelle la puissance morale a été portée au plus haut degré d'énergie; si cette puissance morale n'a pas été affaiblie ou même détruite (au moins quant à son ensemble et à son action) du moment ou l'institution, qui en était l'agent nécessaire, a été renversée; si les événemens, qui ont tourmenté l'état et provoqué la chûte du gouvernement directorial, n'en ont pas été la conséquence.

J'examinerai quels devaient être en général les effets de la suppression indéfinie des institutions morales et religieuses, sous les rapports de la force et de la durée du gouvernement, des progrès de la civilisation, en un mot de toutes les parties de l'économie sociale.

Tout en reconnaissant l'absolue nécessité d'une puissance morale, je serai, en quelque sorte, contraint d'établir que, d'après l'esprit de la révolution, la force des choses et les circonstances dans lesquelles nous étions engagés, il était impossible de placer cette puissance dans aucune des pratiques appelées *religions*, ou qu'au moins, il fallait les circonscrire dans des principes fondamentaux qui les co-ordonnassent à l'autorité publique d'une manière absolue. Après avoir démontré que ces pratiques d'ailleurs ne remplissent pas suffisamment les vues d'une saine politique, et qu'à bien des égards elles les contrarient, je tracerai, dans une seconde partie, comme type de l'ordre de choses le plus désirable, les principes et le plan d'une institution qui me semblait devoir satisfaire à tous les besoins de la société, offrir l'énergie de la révolution sans ses inconvéniens, les avantages des religions sans aucun de leurs dangers, qui leur aurait servi de supplément, de complément ou de correctif, sans en attaquer et sans en proscrire aucune (*); enfin j'indiquerai les principes auxquels il conviendrait au moins de les subordonner.

Le rétablissement du culte catholique, comme étant *la religion de la grande majorité des français*, aurait dû faire suite à mon travail. J'aurais eu à examiner s'il y a des moyens de rendre cette institution vraiment nationale, de faire qu'elle devienne partie intégrante, toujours soumise et jamais dangereuse du gouvernement, que son existence se concilie avec les progrès des lumières, y concoure même, et obtienne les suffrages

____

(*) Je devais proposer ce plan à l'époque de prairial an 7, si le gouvernement n'eût pas succombé dans l'événement du 30; car c'est-là la véritable catastrophe qui a renversé la constitution de l'an 3 : le 18 brumaire n'en a été que la conséquence.

du philosophe comme ceux de l'homme d'état.

J'ai ébauché cette partie, et toutes les idées en sont arrêtées dans des notes ; mais des occupations d'un autre ordre, de nouveaux devoirs à remplir, et surtout l'inutilité de ce travail, au moins dans le moment où je l'ai abandonné, sont autant de causes qui ne m'ont pas permis de m'y livrer plus long-temps, et de le terminer, j'en toucherai cependant quelques mots, et j'en dirai assez pour que ceux qui ne sont pas étrangers à ces matières puissent me comprendre.

Cet écrit même, tel que je le présente, n'est qu'une esquisse ; mais il m'a semblé que j'en dirais assez pour que l'on pût saisir mes idées ; alors j'ai regardé comme inutile de leur donner un plus grand développement ; d'ailleurs les livres se multiplient à tel point, et on les fait si volumineux, qu'on finira peut-être par imposer, comme condition nécessaire, à celui qui veut être lu, la briéveté et la concision.

RREMIÈRE PARTIE.

DE LA PUISSANCE MORALE DANS LA RÉVOLUTION.

CHAPITRE I.er

Caractère de la Puissance publique.

L'amour de l'ordre et de la vertu est bien plus propre que la crainte à soumettre l'homme aux lois ; aussi le premier soin des législateurs a toujours été d'inspirer cet amour. Delà la double action de l'autorité publique, l'une morale ou religieuse, qui inspire les sentimens, dirige la pensée et compose tous les élémens de la conscience du bien et du mal ; elle règle le présent et prépare l'avenir. L'autre action de la puissance publique pourvoit aux besoins de la société , établit des lois pour la sûreté commune , et détermine les peines dont leur violation doit être punie ; elle juge le passé.

Cette double action , relativement à son exercice , a été divisée dans nos temps modernes. L'on a reconnu deux espèces d'autorités : l'autorité civile et l'autorité religieuse. Le gouvernement et la religion sont deux choses absolument distinctes , qui ont chacune leurs lois , leurs ministres , et jusqu'à leurs chefs suprêmes.

Mon but n'est pas dans ce moment , d'examiner si cette division des pouvoirs est bien ou mal imaginée , s'il convient de séparer , dans la pensée , les devoirs religieux des devoirs civils ; je désigne seulement les religions comme exerçant l'une des deux actions également nécessaires au maintien des sociétés.

CHAPITRE II.

De l'Esprit de la Révolution.

Ce serait sortir de mon sujet que de traiter à fond des causes de la révolution. D'ailleurs, si je les ai bien saisies, il suffira de les indiquer.

Ces causes sont simples, évidentes pour qui les cherche sans prévention, et avec quelque application.

La disposition des esprits n'était pas à la fin du dix-huitième siècle ce qu'elle était au cinquième siècle, au huitième, au douzième, ni même à la fin du dix-septième.

Dans le cours du dix-huitième siècle, les institutions religieuses, la forme du gouvernement, les lois, la jurisprudence des tribunaux, leur organisation, celle des administrations, tout avait été soumis non - seulement à un examen rigoureux, mais à des critiques d'autant plus violentes que l'autorité publique mettait plus d'opiniâtreté à méconnaître ce qu'elles pouvaient avoir de raisonnable et d'utile.

Chacune de ces parties offrait des abus si étranges, des conceptions si bizarres et si absurdes, que pour concevoir un pareil désordre de choses, il faut se rappeler les désordres beaucoup plus grands des siècles antérieurs.

Il résulta de là une opposition toujours croissante entre l'opinion des hommes éclairés, qui devint l'opinion publique et l'esprit des institutions : opposition qui devait éclater plutôt ou plus tard, du moment ou l'autorité ne savait pas accueillir ce qu'il y avait de plus sage dans les progrès des lumières pour corriger, changer ou modifier ses actes comme ses établissemens.

Telle est pour moi la véritable et grande cause de la révolution. Et l'on serait bientôt d'accord sur ce point, si l'on ne prenait pour causes premières, les causes occasionnelles ; celles-ci sont tout ce que l'on veut, selon la passion dont on est animé, ou selon le plus ou moins de capacité dont on est pourvu. L'un place les causes de la révolution dans l'expulsion des jésuites, l'autre dans le rétablissement des parlemens, un autre dans l'éloquence emportée de celui-ci, un autre dans les vues ambitieuses de celui-là, etc. C'est confondre la charge qui occasionne la détonation de l'arme à feu, avec l'étincelle qui l'embrâse.

Si les gouvernemens étaient toujours assez éclairés et assez habiles pour apprécier ce que l'amour du bien public et la méditation peuvent découvrir de vraiment utile, qu'ils eussent le bon esprit de le recueillir et de le mettre en pratique, il n'y aurait point de révolutions dans l'état ; ils acquéreraient par-là, mais par-là seulement, le droit de repousser les systèmes faux de l'inexpérience et les exagérations d'un fol enthousiasme.

CHAPITRE III.

*L'Institution religieuse et morale consi-
dérée comme premier élément de
l'ordre social.*

S'il est vrai que l'institution religieuse
et morale exerce sur les hommes la plus
puissante influence, et cela est incontestable, puisqu'elle seule parle en même
temps à l'esprit et au cœur, ce devait être,
dans un travail bien conçu, le premier
objet dont il convenait de s'occuper à la
première époque de la révolution. Instrument le plus puissant dans la main
d'un gouvernement, il fallait s'en emparer ou le créer de nouveau, d'abord pour
ne pas le rencontrer comme obstacle,
en second lieu pour s'en servir comme
d'un moyen efficace de rallier et de soumettre les esprits.

Mais dans une semblable catastrophe,
tel qui a eu assez d'intelligence pour découvrir une vérité précieuse, n'a pas

assez d'expérience pour la co-ordonner et en faire une juste application. On se presse , on se pousse les uns les autres , on manque d'ordre et d'ensemble , on veut tout faire à-la-fois , lorsque les idées n'ont encore ni précision ni objet bien déterminé. On détruit avant même d'avoir examiné le service que la chose détruite rendait à la société , et sans savoir par quel moyen ce service sera remplacé. Les rivalités , les résistances échauffent les esprits quand ils auraient besoin de ce calme , sans lequel on ne peut rien faire à propos et avec méthode.

Sans doute c'est un bien inappréciable qu'une organisation politique qui peut garantir la sagesse des délibérations du gouvernement , l'habileté des ministres , la liberté politique et individuelle ; mais l'institution religieuse et morale devait être la première dans l'ordre des travaux comme elle l'est dans l'ordre des choses, et le législateur devait s'en occuper jusqu'à ce qu'elle eût pris le caractère qui convient à ses desseins.

L'entreprise était difficile, elle fût à peine tentée, et cette imprévoyance a eu sur les événemens ultérieurs, une influence dont les résultats sont encore aujourd'hui incalculables.

CHAPITRE IV.

Pourquoi dans la révolution, l'Institution religieuse fut renversée et son utilité méconnue.

La révolution, qui méditait tant de réformes, qui, dans le but qu'elle se proposait, ne croyait trouver des améliorations que dans le progrès des connaissances humaines, dans leur application à toutes les branches de l'organisation sociale, dans la réunion de toutes les forces morales et politiques, pour le bonheur et la gloire des peuples, dût rencontrer, dans l'institution religieuse, stationnaire autant qu'ambitieuse par sa nature, le plus puissant des obstacles qui pouvaient l'arrêter. Elle attaqua d'abord cette institution et la modifia pour la rendre moins redoutable et plus docile ; la résistance n'en fut que plus audacieuse et plus opiniâtre ; mais la révolution acquérant , par cela même , plus d'énergie et plus de violence , confondit la réforme qu'elle avait ordonnée avec l'institution primitive. Le culte , qui avait été dominant, fut par le fait, méconnu et proscrit.

Toutefois, il ne faut pas s'y tromper, c'est moins encore comme une institution dangereuse ou absurde que la religion fût proscrite que comme une rivale ou comme une chose devenue absolument inutile. En effet , où pouvait-elle conserver quelque place ? Elle n'agit que sur l'imagination et sur le cœur ; or, l'imagination, le cœur, l'esprit de ceux qui exerçaient une influence quelconque sur l'opinion , étaient remplis. Ils ne connaissaient d'autre sentiment que l'amour de la patrie, d'autre doctrine que la *liberté et l'égalité ;* repousser au de-

hors les attaques de l'étranger , comprimer les ennemis intérieurs , et assurer
le succès des innovations qui étaient
l'objet de leur entreprise , c'est dans ces
pensées , grandes en elles-mêmes , qu'é-
taient concentrés tous leurs désirs et
tous leurs vœux. La perspective d'un
ordre de choses entièrement consacré
à la liberté et au bien des hommes ,
ordre de choses dont ils croyaient devenir les fondateurs , était pour eux le
suprême bonheur. La divinité elle-même
ne devait-elle pas sanctionner des efforts
qui tendaient à l'honorer dans le perfectionnement de ses créatures?

La religion qui , depuis long-temps ,
n'était plus , pour un grand nombre d'individus , qu'un objet de pratiques routi-
nières , et qui avait bien d'autres torts
aux yeux des hommes , particulièrement
voués à la révolution , pouvait-elle conserver quelqu'empire sur des ames en-
flammées du plus noble enthousiasme ,
prêtes à tout sacrifier pour la sûreté et
la gloire de leur pays? Les nouvelles

opinions étaient elles-mêmes une religion; et comme il est de la nature de toute croyance exaltée, de n'en pas souffrir d'autre, les partisans de celle-ci ne durent voir dans la manifestation de sentimens opposés, qu'un signe de dégradation et une atteinte portée à la sûreté de l'état.

CHAPITRE V.

La force du gouvernement fut dans la révolution l'effet d'une doctrine instituée.

Ce fut un trait de génie bien extraordinaire de la part des hommes de la révolution, que d'instituer, dès le principe, une force morale plus puissante que toutes les institutions que l'on voulait modifier ou détruire, qui produisît à-la-fois, dans l'esprit de sa création, des législateurs, des administrateurs et des armées. Les écarts même de cette force prouvent son étendue, et rien n'eût manqué à la gloire de ses auteurs, s'ils avaient su la régulariser pour la rendre durable.

Quoique la masse des citoyens fût attaquée tout à-la-fois ou en partie dans sa croyance, dans son gouvernement, dans ses priviléges, dans ses lois, dans sa propriété, dans ses mœurs, dans ses habitudes les plus intimes, et cela par des doctrines dont l'exagération était portée jusqu'à l'extravagance, avec des formes dégoûtantes ; cependant tout parut un instant soumis. Rien n'était plus reconnaissable dans la nation, ni les manières, ni le langage, pas même le costume. L'enthousiasme, qui produisait de si étranges changemens, semblait acquérir, chaque jour, plus d'énergie ; s'il domptait tout dans l'intérieur, il renversait les armées des puissances étrangères, il portait le trouble et la terreur dans leurs conseils et jusque dans le sein de leurs familles.

Où était la cause d'un si étonnant phénomène ? Dans la force dont je viens

de parler, dans la puissance d'une doctrine instituée :

La souveraineté du peuple, la
liberté, l'égalité, l'amour de la
patrie ; telle fut la doctrine.

Le pouvoir pour la propager et la
maintenir se trouva *institué* dans les
sociétés populaires.

Ces sociétés étaient un instrument
prompt et redoutable pour saisir et faire
exécuter tout ce qui était dans l'intention et l'esprit du législateur. Placées
sur tous les points, elles étaient autant
de sentinelles aux cent yeux toujours
ouverts ; elles étaient un frein contre les
mauvais citoyens et les entreprises coupables ; elles disposaient, elles échauf-
faient les esprits ; elles scrutaient les
consciences, enfin elles eurent leur
saint office dans les tribunaux révolu-
tionnaires ; qu'on ne s'offense pas du
rapprochement, le saint office est bien
autrement coupable envers Dieu et envers les hommes. Elles formaient donc
un pouvoir moral et un pouvoir aussi

terrible qu'il en eût jamais été imaginé.

Mais la doctrine et son institution devaient bientôt succomber sous le poids de leurs inconvéniens.

Toute doctrine qui tend sans cesse à l'exagération ne peut se soutenir, surtout si cette exagération attaque, à l'instant même, les bases de ce que l'on prétend établir.

Toute institution, quel que soit son objet et son importance, qui n'est pas soumise, et qui ne peut l'être par sa nature, à une discipline sévère, ne peut subsister.

CHAPITRE VI.

Examen de la Doctrine relativement à la Souveraineté.

La souveraineté du peuple, telle qu'on l'a professée dans la révolution, renferme une doctrine évidemment fausse; modifiée d'après la nature des choses, on trouvera, je n'en doute pas, que, fondée

sur toutes les convenances, elle est nécessaire comme base essentielle d'esprit
public, comme moyen de puissance et
de conservation, comme garantie de la
durée des institutions, du maintien de
la dynastie régnante s'il s'agit d'une
monarchie, ou de toute autre forme du
gouvernement, lorsqu'il n'est pas mo-
narchique.

En admettant, comme le prétendent
les partisans d'une doctrine contraire, et
comme je le prétends aussi, mais par
d'autres raisons, que tout pouvoir vient
de Dieu, encore faut-il que celui qui
en est revêtu vienne de quelque part;
il faut donc une volonté qui le choi-
sisse, qui détermine ses attributions,
ainsi que les règles d'après lesquelles
il transmettra son autorité. Cette volonté ne peut raisonnablement appartenir qu'au peuple, qui a besoin d'un
chef; l'acte par lequel il est choisi ne
peut être exercé que par le peuple ou
en son nom, d'après des formes con-
venues. Cette volonté, je l'appelle sou-

veraineté, et je ne vois pas qu'on puisse lui donner un autre nom ; j'expliquerai plus loin comment l'existence du principe est en même temps la garantie la plus puissante de ses conséquences, c'est-à-dire l'organisation sociale. Je reviens à ce qui m'occupe dans ce moment.

Au temps de la plus grande effervescence de la révolution, il est de fait qu'on avait adopté et même exagéré les principes du *Contrat social.* Or, d'après ces principes, pour constituer un corps politique, il faut l'unanimité des suffrages, attendu que, dans ce cas, la loi de la majorité serait une atteinte portée à la liberté individuelle, puisqu'elle présupposerait une loi antérieure qui aurait attribué ce droit à la majorité : les individus qui seraient ainsi soumis cesseraient donc d'être libres.

Le contrat social doit être considéré comme *annulé et dissous*, du moment qu'une *partie de l'association*, ou même un *seul des membres de la société* ne veut plus en reconnaître les conditions ; la moindre délégation du pouvoir en constitue l'aliénation tant qu'elle dure. L'on ne doit pas admettre que la génération présente puisse obliger la génération qui va la suivre. Ces obligations seraient des fers, et les lois auxquelles cette dernière génération n'aurait pas donné son assentiment, seraient donc, par rapport à elle, une véritable tyrannie.

C'est d'après le contrat social, dans cette mobilité, dans cette faculté de changer, à volonté, les bases de la société, dans cette soumission de la majorité ou de la presque totalité des membres d'une société politique, aux fantaisies de quelques-uns, que consiste le principe de la souveraineté.

Dans le nombre des assertions qu'on a pu ériger en principes, aucune n'est plus complettement contraire à l'ordre et à la subordination ; de tous côtés elle appelle la défiance et les provocations les plus funestes. Jamais la fierté humaine et les prétentions individuelles n'avaient été mises dans une opposition aussi manifeste et aussi absolue, avec les moyens par lesquels on peut rendre un gouvernement stable, condition sans laquelle il n'y a point de puissance pour l'état ni de bonheur pour les individus.

Les sociétés humaines ne sont point des sociétés de marchands que l'on puisse créer ou dissoudre par un caprice, et dont les conditions soient indéfiniment à la disposition des êtres qui les composent; elles reposent sur des principes bien différens.

CHAPITRE VII.

Examen de la Doctrine relativement à la Liberté.

LES idées qu'on attachait aux mots *liberté*, *égalité*, n'étaient ni plus précises ni plus exactes : ce défaut d'un sens convenu et bien arrêté, ouvrit

promptement le champ aux extrava-
gances les plus déplorables.

Le mot *liberté*, qui exprime ou doit
exprimer ce qui garantit la sûreté de
l'individu par rapport à l'ordre politique, et l'exercice de ses facultés relativement aux lois, indiqua d'abord, et
particulièrement pour la multitude, la
destruction de toute espèce de priviléges, ce qui rentrait assez dans la définition que je viens de donner ; mais
bientôt il ne désigna plus que le sacrifice de la liberté individuelle du plus
grand nombre, à je ne sais quelle liberté
politique assez difficile, pour ne pas dire
impossible à concevoir ; et de plus, le
sacrifice de l'ordre, à la licence de quelques-uns ; enfin l'abus fut à son comble,
lorsqu'après avoir placé sous ce mot
liberté toutes les idées de puissance et
de bonheur, après l'avoir consacré
comme renfermant le premier et le plus
imprescriptible des droits de l'homme
et du citoyen, il ne fut plus possible
de concilier ce bien si rare, avec l'exis-

tence des pouvoirs publics , ni même avec l'autorité des lois , et que toute résistance fut légitime du moment où elle fut faite au nom de la *liberté*. Ce ne fut plus un droit, mais une faculté ; au lieu d'être un bouclier pour la conservation des citoyens , elle devint une arme terrible dans la main de quelques-uns pour le malheur de tous.

CHAPITRE VIII.

Examen de la Doctrine relativement à l'Égalité.

L'ÉGALITÉ consiste dans des lois qui ne font acception de personne, qui sont les mêmes pour tous, et ne reconnaissent ni rangs ni priviléges ; dans ce sens , l'égalité, c'est justice, comme je l'ai déjà observé ; mais l'égalité, qui accompagnait une liberté semblable à celle dont je viens de parler , dut être bientôt une égalité de fait. On ravala les manières les plus distinguées et les plus polies à la grossièreté de la classe la plus mal élevée. La richesse dissimula ses jouissances, cacha son orgueil sous des dehors modestes presque misérables, et l'esprit même fut obligé de se mettre en carmagnole.

Cette égalité féroce, qui était à la morale ce que la liberté mal entendue était aux lois et au bon ordre, ne devait pas seulement détruire tout ce qui soutient et orne la société ; en attaquant le travail, elle tarissait les sources de la vie ; c'était donc le dernier terme de la dégradation où l'extravagance pouvait conduire l'inexpérience et un fol enthousiasme.

CHAPITRE IX.

De la Doctrine relativement à l'Amour de la Patrie.

Aimer son pays, regarder sa conservation et sa gloire comme les premiers élémens de son bonheur , ne jamais séparer ses affections de sa prospérité , sont des sentimens qui ne peuvent être altérés que par l'égoïsme , les vues étroites de la cupidité , et les calculs d'une fausse ambition : le cœur égare moins que l'esprit ; il s'agit plus ici de sentir que de raisonner , et ce sentiment a eu dans la révolution la plus grande et la plus utile énergie ; si on peut lui reprocher des excès , il faut en accuser les circonstances et des résistances coupables dont on a grand soin de ne point parler quand il s'agit de nos temps les plus malheureux.

L'amour de la patrie sera toujours un culte pour le citoyen , quand le gouvernement ne sera pas tout-à-fait insensé.

CHAPITRE X.

Observation générale.

E n supposant qu'on n'eût pas dénaturé le sens des mots que je viens de rappeler, et qu'on fût resté dans les limites de leur véritable définition ; sans doute ils expriment des droits sans la jouissance desquels il n'y a point de véritable grandeur d'ame, point d'énergie, point de noblesse réelle dans une nation ; mais s'il faut se défendre contre des entreprises qui attaqueraient notre indépendance, et nous placeraient dans une situation humiliante et abjecte, il faut aussi apprendre à nous défendre contre nous-mêmes. L'homme n'a pas seulement une patrie, il a des semblables avec lesquels il est dans des rapports continuels ; il appartient à une famille ; il est fils, époux et père : à ces titres, il a des devoirs sans nombre, et de tous les instans, à remplir. Or, la doctrine que je viens d'examiner, en admettant qu'elle fût exempte de toute espèce d'erreur, ne donne aucune règle pour l'accomplissement de ces devoirs ; elle n'offre aucun de ces principes d'après lesquels, pour qu'un état soit bien ordonné, chacun doit diriger les actions de sa vie.

Cette doctrine, en la supposant pure ,
était insuffisante ; il fallait la complé-
ter ; pervertie au point où elle l'avait
été , elle était funeste , elle ne pouvait
donc se soutenir. Il était impossible sur
une telle base , d'asseoir un ordre social
durable.

CHAPITRE XI.

Examen de l'Institution.

S i les doctrines étaient déjà si dangereuses par elles-mêmes , le corps institué dans leur esprit l'était bien davantage. Des hommes sans cesse assemblés ,
suscesptibles de tous les écarts et de tous
les emportemens qui agitent les grandes
réunions , en proie à toutes les cabales ,
à toutes les impostures et à toutes les
violences ; des hommes qui se rendent
solidaires pour leurs excès , et les donnent comme autant de preuves de dévouement qu'ils placent sous les auspices

de la souveraineté du peuple , dont ils
se regardent comme les organes , et des
droits sacrés du citoyen dont ils se
prétendent les défenseurs ; des hommes
qui ne sont soumis à aucune règle , à
aucune discipline , qui ne peuvent être
réprimés que par la force armée dont ils
font partie , ou pour parler plus juste ,
qui ne peuvent l'être que lorsque le
désordre est porté à son comble , qu'ils
sont signalés comme une faction , et
qu'ils se trouvent les plus faibles (*) ;
de telles réunions ne peuvent constituer
un ordre de choses : instrument passager
dans des circonstances extraordinaires ,
il faut se hâter de le changer , de le

___

(*) J'explique cette pensée : Tant que les membres
d'une réunion que rien ne réprime (une société popu-
laire , même dans une grande ville , était bien dans ce
cas) sont du même avis , ou que la minorité est soumise à la majorité , rien ne peut résister à leurs déter-
minations : s'ils se divisent , et que la mésintelligence
prenne un caractère grave , ce n'est que par des accu-
sations capitales qu'un parti peut se faire raison du parti
opposé.

modifier ou de le détruire aussitôt qu'il a rempli son objet.

CHAPITRE XII.

Dissolution de l'Institution et ses conséquences.

LE danger des sociétés populaires devait être bientôt senti. Coupables des plus grands excès, leur existence ne pouvait se concilier avec celle d'un gouvernement revenu à des idées de justice et de modération ; elles furent dissoutes et elles devaient l'être ; mais cette force morale qui pénétrait par-tout pour soutenir le zèle des uns et comprimer les autres dans leurs entreprises, fut anéantie. Au même instant l'espoir des factions opposées au nouvel ordre de choses, se ranima. De grands désordres éclatèrent, et enfin la guerre civile ; le sort de l'état comme celui des hommes qui avaient concouru au grand événement, fut un instant incertain, et ne put être rassuré que par la victoire. Arrêtons encore un moment notre attention sur cette mesure.

On ne vit dans les sociétés populaires que leurs dangers, et l'on ne sentit pas qu'elles étaient partie intégrante et nécessaire, dans l'esprit de leur établissement, de l'ordre de chose qui existait alors. En même temps qu'il fallait se préserver de leurs excès, on devait apprécier leurs services ; il était aussi indispensable de conserver ceux-ci que d'éviter ceux-là. Pour peu que l'on y eût mis moins d'effroi et plus de réflexion, on aurait bientôt vu que les sociétés populaires supprimées, il ne restait plus aucun moyen moral, soit pour contenir, soit pour agir ; que l'autorité publique n'avait plus que ses agens directs, qui eux-mêmes, selon l'esprit du temps, se déterminaient aussi souvent d'après leurs opinions personnelles, que d'après les ordres qui leur étaient transmis ; d'ailleurs, rarement assez habiles pour s'emparer de l'opinion, toujours en défiance

contre des autorités dont les actes blessent sans cesse les intérêts individuels.

La loi elle-même, quand elle n'est
point protégée par une force morale,
est une arme bien faible. Elle n'atteint
que les actes extérieurs ; les méchans
la bravent, les gens adroits sauvent les
apparences et l'éludent.

CHAPITRE XIII.

Que l'absence d'une institution morale
a été la principale cause des événe-
mens qui ont eu lieu sous la cons-
titution de l'an 3, ainsi que de son
renversement.

Au moins, si l'absence d'une puissance
morale n'avait duré que jusqu'au moment de l'établissement de la constitution qui fut adoptée alors ! Sans doute
il faut avoir été témoin de l'exagération
qui régnait encore dans beaucoup d'esprits à la fin de l'an 3, pour en appré-

cier le bienfait : ouvrage des hommes,
elle devait avoir des imperfections ;
produite au milieu des orages, ces imperfections devaient en être d'autant
plus grandes et plus nombreuses. Une
des plus remarquables était cette mobilité dans les fonctions publiques, qui
seule devait occasionner des événemens
fréquens et désastreux ; mais son plus
grand vice, celui qui, sans qu'on s'en
soit aperçu, devait amener plus particulièrement sa destruction, c'est qu'elle
ne consacrait qu'une partie des institutions nécessaires au maintien des sociétés. Elle n'avait établi que des pouvoirs
politiques et civils ; elle manquait donc
de la force qui seule pouvait garantir
sa durée.

Les auteurs de la constitution avaient, à
la vérité, placé en tête une *déclaration
des devoirs* ; c'était déjà un pas de fait
vers un meilleur ordre, non pas encore
de choses, mais au moins d'idées. Toutefois une déclaration des devoirs, sans
une institution qui les rappelle sans

cesse , qui les explique , qui les fasse aimer , qui y ramène par des moyens de discipline , est quelque chose de moins qu'un code de lois civiles et criminelles , sans tribunaux et sans une force publique qui assure l'exécution de leurs arrêts ; de là une foule de conséquences toutes plus fâcheuses les unes que les autres ; il est indispensable d'en rappeler ici les plus importantes.

Le gouvernement ne se rattachait dans l'esprit du peuple à aucune idée morale. Il n'était point environné de ces illusions précieuses qui en imposent. Les anciens rois de France disaient tenir *leur couronne de Dieu et de leur épée* ; il faut convenir que tant que l'on ne conteste point une pareille assertion , une origine aussi auguste doit inspirer le respect. Je crois cependant que le chef suprême d'une nation peut être placé sous un égide non moins redoutable , d'après des principes mieux établis. N'importe , le principe du pouvoir en offrait la garantie.

Loin de là, les chefs du gouvernement organisé par la constitution de l'an 3, n'étaient que de simples agens d'exécution, à la discrétion en quelque sorte, et comme le fait l'a prouvé, de la volonté qui les avait créés; et qu'est-ce que la loi sans le bras qui en maintient la force?

On ne pouvait pas même dire que ce gouvernement fût appuyé sur aucune doctrine, car il n'osait invoquer la puissance des mots *liberté*, *égalité*, dont il craignait toujours l'abus contre lui-même.

Le gouvernement ne reconnaissant aucune doctrine, et n'ayant à sa disposition aucune institution morale, n'avait pour la jeunesse ni principe ni moyen d'éducation.

Quelques maximes générales ne peuvent pas tenir lieu d'un corps de doctrine qui embrasse la vie de l'homme sous les rapports politiques, civils et domestiques, et qui réponde à tous les points par lesquels l'intérêt individuel peut attaquer la société.

Il faut que ceux qui enseignent soient soumis, pour le bon exemple, à une discipline commune, à plus forte raison les élèves, et il ne peut y avoir une discipline sans une doctrine.

L'absence d'une doctrine rendra même l'enseignement vacillant et incertain. L'éducation et l'enseignement de la jeunesse sont tellement liés dans leur action, que sans l'une, l'autre n'a point de force, parce que cette force consiste essentiellement dans le but qu'on se propose; car l'éducation, prise dans ses élémens, doit avoir un but spécial. Celui des anciens établissemens d'instruction était de faire des chrétiens catholiques, et même des prêtres. Par le temps où nous nous trouvions, on devait appliquer toute la puissance des idées morales et religieuses à faire des hommes de sens, de bons chefs de familles, de bons français.

Le peuple, sans éducation première,

privé d'une institution morale, restait abandonné à son ignorance, sans guide, sans conseil, sans aucune autorité qui lui rappelât ses devoirs, et qui pût le contenir dans ses écarts ; situation dangereuse dans tous les temps, mais qui l'était bien plus au moment où les esprits avaient une aussi grande tendance au désordre, et où des prêtres, opposés au gouvernement, trouvaient dans le vide que je signale, des armes plus redoutables contre l'ordre établi, et contre des prêtres fidèles qu'on ne protégeait même pas.

On tolérait à la vérité tous les cultes : mais combien ne doit-on pas trouver d'inconvéniens dans des pratiques secrètes et un enseignement caché, par conséquent inconnu. Chaque religion ou secte dirige l'esprit de ses adhérens vers le but qui l'intéresse, aucune vers un but commun voulu par une sage politique. Non-seulement on avait manqué l'un des résultats les plus essentiels indiqués par l'esprit de la révolution, l'em-

ploi de toutes les facultés morales et
intellectuelles pour le bien de la patrie ;
mais en laissant échapper cette puissance, d'autres la dirigèrent dans un
sens absolument contraire.

CHAPITRE XIV.

Du Clergé romain.

En ne perdant jamais de vue cette
observation que, quand un établissement
a duré pendant des siècles, il est bien
difficile de croire, si mauvais qu'on le
suppose, qu'il n'ait pas plus d'un genre
d'utilité ; et, en réfléchissant à l'organisation du clergé romain, on verra qu'il
offrait plusieurs avantages essentiels
qu'il fallait retrouver dans les institutions nouvelles.

1.º Les habitans des campagnes n'a-
vaient en général, et communément sous
les yeux, d'autre exemple d'un homme
qui eût reçu quelqu'éducation, que

leur prêtre. C'est par sa présence qu'ils apprennaient qu'il y avait un autre ordre d'occupations , d'habitudes et d'idées. Quoique son instruction, généralement parlant, fût bornée, et que, comme prêtre, elle ne fût pas propre à répandre de certaines lumières , il était toutefois le moyen de communication entre les campagnes et les villes , entre les sciences qu'on cultive dans celles-ci et l'ignorance qui règne dans celles-là. Il parlait français, et presque toujours assez correctement ; ses manières et son ton annonçaient plus ou moins de politesse et de décence ; son habit inspirait le respect , et ses fonctions liaient les habitudes et la pensée à un certain ensemble qui donnait une apparence d'égalité et d'harmonie à toutes les parties de la société.

L'absence dans les campagnes de tout homme instruit et policé , devait conduire à l'insubordination et à la barbarie.

2.º Dans un pays où tous les genres de talens sont nécessaires, les états, à la vérité , forment des classes sous le rapport de certaines convenances ; mais le génie ne fait acception de personne. Nos distinctions et nos préjugés ne le touchent pas , et c'est souvent au sein des familles obscures qu'il a voulu placer son berceau. Dès-lors il est essentiel que les individus puissent s'avancer et parvenir selon leur éducation , leur activité , leur capacité et le hasard de circonstances plus ou moins heureuses. Les arts, d'après la variété de nos besoins , nous sont aussi nécessaires que la terre , par conséquent l'émulation est un des premiers sentimens qu'il faut exciter ; si le travail doit avoir le plus haut degré d'énergie , il doit aussi recueillir en raison de ses efforts ; dès-lors il est indispensable que les familles conservent toujours l'espoir d'obtenir , et un peu plus de fortune et un peu plus de considération.

L'accès facile d'une classe intermédiaire, qui tient à ce qu'il y a de plus élevé dans l'état , qui offre à la fois des honneurs et des richesses , doit être pour

les familles , comme pour les individus ,
un moyen toujours présent , toujours
agissant , d'encouragement et d'émulation ; or , il est de fait que les familles
peu aisées , surtout dans les campagnes ,
ne se déterminaient à placer leurs enfans
dans les colléges , et à faire les dépenses
qu'exige un long cours d'études , que
dans la vue et l'espoir d'en faire des
ecclésiastiques ; parce que l'on pouvait
calculer cette dépense et déterminer
l'époque où l'élève serait placé , et que
des parens , même pauvres , ne redou-
taient pas les plus grands sacrifices , afin
d'arriver à un honneur qui était pour
eux sans prix.

Si l'individu avait quelque mérite , ou
seulement s'il savait se respecter et remplir ses fonctions avec quelque dignité ,
il obtenait une considération qui se re-
portait jusques sur sa famille. L'état
ecclésiastique était pour ainsi dire un
lien qui rattachait les diverses conditions de la société , une force qui rap-
prochait la médiocrité de la richesse et

l'obscurité des titres. Il y avait là le principe d'une bienveillance universelle, honorable pour les uns, consolante pour les autres, et utile à tous.

Que l'institution soit supprimée et que rien ne la remplace, chaque individu retombe, en quelque sorte, sur lui-même avec toutes les douleurs de l'isolement, de la détresse et de l'abandon.

Si les biens de l'institution étaient trop considérables, mal repartis, ou servaient à entretenir des existences inutiles, c'était un malheur ; toutefois la dotation du prêtre composait un patrimoine commun qui tournait souvent au profit de l'indigence. Son existence était pour sa famille un moyen direct ou indirect d'aisance ou d'avancement. Selon son revenu, ou selon qu'il se rendait recommandable dans l'exercice de ses fonctions, il pouvait donner des secours à des parens vieux et infirmes, ou faire obtenir des emplois avantageux à d'autres en état de les remplir.

3.º Cette foule d'enfans sortis du

fonds des campagnes, de familles obscures, et quelquefois pauvres, apportaient
dans les villes des tempéramens qui
leur permettaient des travaux opiniâtres.
Tout entiers à leurs études, ils n'étaient
point distraits par cette foule de frivo-
lités qui énervent les enfans des cités,
et les détournent des travaux utiles,
même nécessaires.

Dans ce nombre, et ce n'était pas
ordinairement ceux qui avaient le moins
de moyens, il s'en trouvait qui, dégoûtés
de l'état ecclésiastique, prenaient un
autre parti, et se livraient soit au barreau,
soit à l'étude de la médecine, ou des
sciences ou des arts, qui entraient dans
les administrations ou dans les comp-
toirs du commerce.

Ces translations dans les villes de
quelques habitans des campagnes, détruisent d'autant les principes de jalou-
sie, toujours prêts à se montrer dans
les rapports d'êtres qui ont des habitudes si différentes, et dont les intérêts,
au moins en apparence, sont aussi op-

posés. Elles offrent une foule de chances qui n'existent plus du moment que la cause principale de ces translations a cessé. Les campagnes en sont d'autant plus isolées, d'autant plus étrangères au progrès de la civilisation.

D'un autre côté, les branches les plus importantes de l'économie sociale sont privées d'une source féconde en hommes laborieux, et qui prenaient souvent une place distinguée dans la carrière qu'ils avaient choisie.

Il est aisé de voir par tout ce qui vient d'être dit, que le moyen le plus puissant par lequel on dirige les actions des hommes, par lequel même on s'en rend maître, ainsi que de tous les sentimens dont ils sont capables ; les nouveaux législateurs l'avaient entièrement négligé. Plusieurs en sentaient tout le danger ; mais si l'imprévoyance était grande, il faut convenir que rien n'était plus difficile que leur position à cet égard.

CHAPITRE XV.

Combien il était difficile de fonder une Institution morale,

COMME je l'ai déjà observé, l'action de la révolution était essentiellement destructive, et cela devait être. On s'était bien plus occupé, dans le cours du dernier siècle, de remarquer les vices de ce qui existait, chose qui n'est pas très-difficile, que de trouver en quoi consiste le bien et les établissemens propres à le réaliser ; ce qui exige pour chaque objet de grandes lumières, et surtout une longue expérience. On était donc tout prêt pour détruire, on ne l'était pas pour réparer. Il n'y avait aucune doctrine convenue, par conséquent point de but déterminé ; de là cette divergence dans les idées de ceux qui, faisant partie des autorités publiques, paraissaient être animés du même esprit et des mêmes intentions. Je ne parle jamais dans cet écrit des opposans à la révolution, si puissans , si perfides ; de là ces discussions orageuses où chacun, appuyé sur sa bonne-foi , donnait la mesure de ses idées comme ce qu'il y avait de plus évident , de plus pur , et condamnait , comme autant d'hérésies punissables , celles qui présentaient les plus légères différences.

Il semblait qu'on n'eût qu'une seule crainte , celle du pouvoir qui gouverne ; qu'on ne se proposât qu'un seul objet, de lui donner des entraves. Si l'on avait apporté plus de sang-froid et plus de réflexion dans une circonstance telle qu'il n'en exista jamais de semblable ; si l'on avait analisé tous les élémens indispensables à la conservation des sociétés , l'on se serait convaincu de la nécessité d'une institution morale comme base première des pouvoirs publics ; mais le besoin d'une organisation , plus étendue et plus forte , n'était point senti par les uns , et présentait aux autres des

obstacles qui paraissaient insurmon-
bles.

CHAPITRE XVI.

De l'opinion des hommes les plus considérés alors.

Parmi les hommes qui avaient le pouvoir, les plus distingués par leurs talens, ceux qui jouissaient d'une considération et d'une influence plus particulièrement méritées, rejettaient avec une sorte de violence, non-seulement toute espèce de culte, mais même toute idée religieuse. Un grand nombre d'amis de la révolution partageaient ces opinions. Ils prétendaient que *la vérité* devait être le principe de tout ; que quelque fût une croyance religieuse, on ne pouvait la regarder comme reposant sur la vérité, puisqu'aucune ne pouvait être démontrée, comme il l'est que deux et deux font quatre ; que les devoirs imposés par les religions sont , à bien des égards , autant d'atteintes portées aux devoirs de la vie civile ; que les vertus domestiques , vertus que les familles ont par-tout intérêt de maintenir , de bonnes lois de police, et des tribunaux criminels suffisaient pour assurer l'ordre.

Voilà cependant ce que prétendaient des hommes , d'ailleurs pleins de sens , de savoir, et voulant le bien avec un dévouement sans bornes ; tant les douloureux souvenirs d'établissemens devenus si dangereux , agissaient encore sur leur imagination , et troublaient leur jugement.

Les considérations rappelées plus haut , présentées à plusieurs reprises et avec chaleur , ne faisaient que les enfoncer davantage dans leur opinion. On soufflera , leur disait-on , sur votre ouvrage qui n'a point de racines , et il disparaîtra comme une ombre légère..... Quand ils étaient pressés par les réflexions , tirées de l'expérience et de notre situation , l'amour-propre venait au secours des raisons qui leur manquaient , et la discussion finissait par de la mauvaise humeur.

Les hommes qui ont obtenu des succès par les productions du bel esprit , ont ce grave inconvénient qu'ils se croient trop supérieurs à ceux qui n'ont pas fait les mêmes preuves ; ils tranchent sur tout et ne prisent pas assez des travaux moins brillans , mais utiles ; mais qui présentent souvent de grandes difficultés. Livrés sans cesse à des idées spéculatives , ils se créent un monde qui ne ressemble point à celui qui existe. Je sais que cette observation est celle de tous les sots contre tous ceux qui désirent et indiquent des changemens comme nécessaires , soit dans l'organisation , soit dans l'action du gouvernement , et j'en suis fâché ; mais mon observation n'en est pas moins fondée. L'examen des faits en politique et en administration peut seul , comme dans les sciences naturelles , donner de sûrs résultats.

CHAPITRE XVII.

Pouvait-on adopter comme institution morale l'une des religions existantes.

D'un autré côté, en supposant que ceux qui remarquaient le vide qu'éprouvait le corps social, et le danger qui pouvait en résulter, eussent cherché, dans les religions, les moyens de le remplir, ils devaient être arrêtés par bien des réflexions ; je reprends les plus frappantes.

Nos religions européennes partent bien du même principe ; mais, divisées en sectes nombreuses, la haine que ces sectes se portent réciproquement, n'en est pas moins aussi violente que si elles n'avaient pas un chef commun. Comment faire un établissement public d'une institution qui sera nécessairement repoussée par un nombre quelconque de citoyens.

Si tous les membres d'une société, divisés seulement par des nuances de croyance, étaient au moins d'accord sur le fonds, il faudrait bien reconnaître qu'il y a là le principe d'une vérité incontestable; mais dans le nombre, il s'en trouve qui rejettent tout, qui ne croyent ni aux mystères qui constituent le fonds de la révélation, ni à des doctrines que leur raison réprouve comme absurdes ou dangereuses. Que ferez-vous de ces derniers, en admettant, contre toute vraisemblance, que vous puissiez réunir les premiers sous la même bannière. Ce qui est la vérité pour les uns ne l'est donc pas pour les autres; car ce qui n'est pas, ou ce qui n'est plus la vérité pour quelques-uns, peut, au bout d'un certain temps, n'être plus la vérité pour personne.

Que devient alors une institution qui repose sur une doctrine qui, dès le principe, n'était déjà pas la vérité pour tous, et qui a cessé de l'être pour chacun? Ne sera-t-il pas évident qu'en

voulant remédier à un mal , vous tom-
bez dans un mal plus grand ; que le désordre s'accroît par le fait même de
l'établissement adopté pour le prévenir?
Et puisque , dans l'intention des hommes
qui avaient pris parti dans la révolution,
avec quelque réflexion , cet événement
devait être, autant que possible, le terme
des catastrophes qui bouleversent les
états et affligent l'humanité ; ce n'était
pas là ce qu'ils cherchaient et ce qu'ils
devaient consacrer.

Oublions pour un moment ces observations et admettons que l'on se fût arrêté à l'idée d'appuyer la morale sur
l'une des religions existantes ou même
sur toutes ; d'une part, quel choix aurait-on pu faire? et de l'autre, que serait-il résulté du concours de toutes les
croyances?

CHAPITRE XVIII.

Du Catholicisme.

Aurait-on adopté le catholicisme ? J'ai bien examiné la doctrine du christianisme, et particulièrement l'institution et la doctrine du catholicisme ; je ne crois point y avoir mis aucune de ces préventions qu'on appelle philosophiques. Je n'ai jamais cherché et je ne cherché que ce qui peut donner de la force et de la stabilité à un gouvernement. Si la croyance d'une doctrine qui ne pourrait pas être démontrée vraie, qui pourrait même être regardée comme fausse par quelques esprits supérieurs, produisait des effets désirables et constamment utiles, je regarderais comme doué d'un bien mauvais esprit, celui qui l'attaquerait. Il faudrait le vouer au mépris et le condamner au silence.

Pour reconnaître si la religion catholique a ce caractère, il conviendrait de l'examiner dans les principes et le but de son institution , même dans sa doctrine. Sans attaquer le fonds de ses dogmes , sans manquer au respect qu'on doit à un établissement auquel se rattachent de si puissans intérêts , on pourrait reconnaître dans l'organisation de son institution des moyens répréhensibles et un but dangereux. Dans sa doctrine , des maximes dont on peut abuser : on pourrait ce me semble , sans se rendre coupable devant Dieu ni devant les hommes sensés , ne trouver ni bon ni utile qu'une religion prétende, par son essence , être une puissance indépendante , qu'elle restreigne de son autorité la *puissance* qu'elle appelle , et qui a bien voulu se laisser appeler *civile ;* qu'elle ne laisse à cette dernière puissance , et encore l'en a-t-elle souvent dépouillée, que le matériel , le brut de l'administration; qu'elle dispose de l'esprit, du cœur, et de tous les sentimens secrets des citoyens , pour les diriger vers un but qui n'est ni la sûreté, ni la prospérité, ni la gloire de l'état, ni l'amour du prince, et qui trop souvent y est contraire.

Peut-on trouver dans cet esprit, dans cette tendance, les avantages que nous devions alors chercher? n'aurions-nous pas du concevoir des craintes, que toutes les pages de l'histoire viennent justifier?

Quant à la doctrine, quel abus ne peut-on pas faire de certains passages des écritures : espèce d'arsenal ou le prêtre puise, selon les temps et les circonstances, tous les moyens de bénir ou de frapper d'anathème, les mêmes objets, selon qu'il convient à ses vues. On y trouve contre les rois, et même contre les chefs des gouvernemens, quel que soit leur nature, des maximes aussi effrayantes qu'on en rencontre de favorables à l'ambition de celui qui sait s'en prévaloir.

Que pourrez-vous lui répondre quand il vous dira: je suis l'église; l'église c'est Jésus-Christ , et Dieu a dit à Jésus-Christ?

« Vous posséderez toute l'étendue de » la terrre. »

Voilà un titre bien évident , et qui n'est susceptible d'aucune contestation.

La démagogie la plus forcenée , s'est-elle jamais permis des imprécations pareilles à celle-ci ?

« Vous briserez les rois avec un » sceptre de fer , vous les mettrez en » pièces comme un vase d'argile. » *Pseaumes.*

« Je suis venu donner cet avis : ayez » soin de vous garder du levain des Pha-» risiens et du LEVAIN D'HÉRODE. » *Saint-Marc.*

Hérode, c'est le prince, c'est-à-dire le gouvernement.

« Il a arraché les grands de leurs » trônes , et il a élevé les petits. » *Saint-Luc* , etc. , etc. , etc.

Et les petits sont ceux qui font essentiellement profession d'humilité.

Montesquieu vante, à la vérité, les

douceurs et les bienfaits du christianisme. Il prétend que le catholicisme convient particulièrement à une monarchie.
Cette assertion mériterait au moins d'être
examinée; mais ces discussions auxquelles j'aurais déjà pu me livrer, allonge-
raient trop cet écrit. Je ne fais pas ce que
je crois faire, si la simplicité de mes propositions n'en constitue pas la démons-
tration. Cependant, j'observerai que l'o-
pinion de M. de Montesquieu doit faire
d'autant moins autorité, qu'il semble
avoir voulu détruire d'avance, et d'un
trait de plume, toutes les merveilles qu'il
pourrait attribuer dans la suite au catholicisme, et même au christianisme.
Dans le Chap. iv.ᵐᵉ du liv. 4, où il
examine la différence des effets de l'éducation chez les anciens et parmi nous,
il dit :

« Aujourd'hui, nous recevons trois
» éducations différentes ou contraires;
» celle de nos pères, celle de nos maî-
» tres, et celle du monde. Ce qu'on nous
» dit dans la dernière, renverse toutes

» les idées des premiers. Cela vient en
» quelque partie du contraste qu'il y a
» parmi nous entre les engagemens de la
» religion et ceux du monde ; chose
» que les anciens ne connaissaient pas. »

Quel bien peuvent donc faire des *enga-gemens* qui sont rompus aussitôt que nous recevons cette troisième éducation que nous donne le monde ? A quoi sert cette première éducation qui sera sur-le-champ détruite par la dernière ? Ne semble-t-il pas que Montesquieu, par ce peu de paroles, ait voulu prouver l'inutilité de l'éducation religieuse, puisque l'impression en est à l'instant anéantie par celle du monde ? Eh ! comment un engagement qui n'existe pas, ou ne produit aucun effet, conviendrait-il plus particulièrement à la monarchie qu'à toute autre forme de gouvernement ?

En effet, et sans parler en aucune façon du fonds de la doctrine, il est aisé de voir que dans l'éducation donnée par cette religion, tout a été dirigé de manière à soumettre, sans restriction, l'homme à la domination du prêtre, tandis que son bon sens naturel le force à secouer un joug qui ne pourrait se concilier, ni avec son bien-être, ni avec l'existence de la société. Ce ne sont pas des idées philosophiques qui commandent cette sorte d'indépendance, c'est la nature et la force des choses. Ce n'est que par des moyens violents, et à l'aide d'une soumission aveugle, que l'on parvient à obtenir la pratique des règles qui ne peuvent se concilier avec les besoins des hommes. Tout défaut est l'extrémité, l'excès d'une bonne qualité ; les hommes doivent être dirigés, non comprimés et abrutis.

Pouvions-nous ensuite, ne pas voir dans son ensemble, cette redoutable organisation du clergé romain, dont le chef indépendant est lui-même souverain dans une terre étrangère, et tous les faits que retrace l'histoire, n'appellaient-ils pas notre sollicitude ? Quel tableau déplorable pendant tant de siècles, et jusque dans nos derniers temps, que les entreprises de cette cour! Il faut en vérité que l'espèce humaine soit une création aussi déplorable, pour concevoir que des nations entières ayent conservé, et, qui plus est, adoré cet instrument d'humiliation et d'opprobre.

Un chancelier disait à un roi de France, en parlant des troubles que les prêtres causaient dans l'état : « Sire, ils ont » créé un royaume au cœur de. votre » royaume. » C'était dire que maîtres du centre ils l'étaient aussi des extrémités.

Pouvions-nous admettre, comme nationale, une institution qui présentait des inconvéniens aussi graves?

Remarquez que je n'apprécie point ici l'institution en elle - même, je ne la juge que dans ses rapports avec l'autorité dite civile, et je conviens qu'elle me paraît une rivale extrêmement redoutable.

Sans pousser plus loin l'examen des avantages et des dangers du catholicisme, je me contenterai de dire qu'à l'époque dont il s'agit, il n'eût pas été permis d'en prononcer le nom. Les champs de la Vendée toujours fumans du sang que des prêtres faisaient répandre ; chaque commune dans l'état , ayant à se plaindre du désordre dont leurs machinations étaient la cause , tout ne justifiait que trop les préventions qu'on avait contr'eux et contre leur doctrine.

D'une autre part , les prêtres assermentés , animés d'un meilleur esprit, à la vérité , n'étaient pas en général ceux qui jusques-là avaient joui de plus de considération ; ils présentaient en quelque sorte les deux extrêmes. Ils étaient, dans leur ordre, ou les plus recommandables par leurs lumières et la droiture de leurs sentimens, ou les plus légers dans leurs conduite ; mais le nombre de ces derniers devait l'emporter. Jettés d'ailleurs dans la tourmente révolutionnaire , on les avait avilis de toutes les manières. Cependant on pouvait les relever aux yeux du peuple ; peut-être qu'en s'y prenant bien, on fût parvenu à ne leur laisser avec le siége de Rome que des relations à peu près convenables ; mais ce moyen n'était, ni assez prompt, ni assez efficace. La querelle entre les assermentés et les réfractaires, ces derniers soutenus dans l'intérieur par les mécontens, qui formaient la classe la plus riche ; cette querelle, dis-je, subsistait toujours, et par conséquent le désordre dont elle était la cause.

En donnant au clergé assermenté une existence politique et nationale, il fallait d'abord le présenter sous les bannières du catholicisme ; on soulevait les philosophes, on mécontentait singulièrement les protestans, qui, en général avaient montré du dévouement pour des événemens qui leur étaient favorables, et qui croyaient à ce titre, avoir droit à des encouragemens et à des égards particuliers.

CHAPITRE XIX.

Du Protestantisme.

Les partisans de la révolution auraient eu moins de répugnance à se rapprocher du protestantisme ; mais on n'aurait pu se dissimuler que la grande majorité de ceux qui croient au catholicisme ou qui veulent paraître tels , aurait offert une bien autre résistance à cette innovation ; c'était engager le gouvernement dans une lutte terrible. Je pense que l'autorité peut ce qu'elle veut ; mais elle ne doit pas vouloir ce qui deviendrait une source de troubles et de persécutions.

Comment donc sortir de ce cercle pénible et dangereux ?

CHAPITRE XX.

De la Théophilantrophie.

On imagina la Théophilantropie. Outre que cette espèce de culte fut on ne peut pas plus mal conçu, l'autorité n'y parut prendre aucune part, sinon que l'on prétend qu'un membre du gouverment lui donnait secrètement son appui. Je ne sais jusqu'à quel point cette assertion est fondée; ce qu'il y a de certain pour moi, c'est que, quoiqu'il m'accordât quelque confiance, il ne m'en a jamais parlé.

Tout ce qui pouvait résulter de cet essai, s'il eût eu quelque succès, c'était de nous donner une secte religieuse de plus, par conséquent de diviser d'autant les opinions et les esprits. Pour peu que l'on eût voulu donner quelque développement à cette entreprise, on serait bientôt resté convaincu que la masse,

qui n'est pas assez éclairée pour abandonner ses anciennes pratiques , et renoncer à ses habitudes , l'était trop pour
adopter sur - le - champ une croyance
nouvelle.

CHAPITRE XXI.

De la Tolérance en fait de religion.

Il restait encore le parti qu'on a pris
depuis , qui ne consiste pas seulement
dans la tolérance de tous les cultes , car
on les tolérait, quoi qu'on en dise , à
l'époque dont je parle ; mais qui a pour
but de les rapprocher du gouvernement
afin de lier , autant que possible , leur
action à la sienne , et de les soumettre
à une surveillance particulière , en leur
accordant une protection spéciale, même
en les salariant.

Tous les actes du gouvernement , tant
intérieurs qu'extérieurs , prouvent son
intention , sa ferme résolution d'établir

par-tout la tolérance religieuse. Bénissons cent fois le moment où élle existe réellement et la main qui l'établit ; c'est déjà sans doute un grand bienfait qui appelle la reconnaissance des hommes bien pensans ; mais si l'on considère attentivement la nature des choses , l'on découvrira peut-être que la tolérance n'est qu'un premier pas vers un ordre d'idées plus désirable et plus sublime.

La tolérance a été le cri des philosophes du dernier siècle. Il en devait être ainsi ; c'est déjà un bien que d'éviter un mal. Les premiers efforts de la raison , attaqués et proscrits , devaient chercher un égide contre la domination inquiète , qui s'efforçait de les paralyser. Sans savoir précisément quel usage on fera de sa liberté quand on est sous le joug, le premier sentiment n'en est pas moins de rompre ses fers , et le refuge des opinions ou des croyances opprimées était avant tout la tolérance.

Sans doute rien n'est plus beau , si on

la considère par opposition au fanatisme,
à la superstition et aux persécutions ;
mais s'il est vrai que, pour qu'une société
politique soit bien organisée, il est
d'absolue nécessité que toutes les facultés
intellectuelles et morales soient concen-
trées exclusivement dans l'amour de
l'ordre, de la patrie, par conséquent du
gouvernement ou du prince, ou au moins
que ce soient là les premiers objets des
affections, je dirais presque du culte des
peuples ; la tolérance ne suffit plus et
ne doit plus être en effet considérée que
comme un passage à cet état de choses
plus relevé, dont je parlais tout à
l'heure. Dès-lors, au lieu de laisser
diverger les esprits par les religions, il
faut faire converger les croyances religieuses vers le grand but que doit se
proposer tout gouvernement sage et pré-
voyant, il faut les suppléer dans ce
qu'elles ont d'insuffisant, les neutra-
liser dans ce qu'elles ont de dangereux,
et les remplacer pour ceux qui n'y
croyent pas.

On reconnait bien dans la tolérance l'autorité bienveillante d'un père, qui met la paix parmi ses enfans ; mais on n'y voit pas aussi aisément les sentimens des enfans pour leur père. La tolérance est un système négatif ; elle empêche un grand mal : sous ce rapport, elle est indispensable à conserver ; mais elle laisse à faire un grand bien , et c'est là ce qu'il faudrait obtenir. Les affections des administrés se portent sur des objets qui peuvent être indifférens au prince et à l'état. La force de l'autorité religieuse , si précieuse si elle était bien employée , se perd dans des pratiques souvent insignifiantes si elles ne sont ridicules , dans des devoirs inutiles. En voyant des opinions si opposées qu'aucun lien commun ne rattache à l'autorité publique , on dirait de plusieurs peuples que l'on force à vivre ensemble.

D'un autre côté , il faut supposer dans le prince, et dans ses successeurs , une grande et égale force d'ame, pour marcher toujours d'un pas ferme et inalté-

rable au milieu des prétentions de toutes les sectes ; si, par la nature de sa doctrine et la force de son organisation, il en était une qui, plus encore que les autres, fût essentiellement intolérante et toujours agissante, qui peut répondre que, dans un temps donné, le chef du gouvernement ne sera pas séduit, circonvenu, entraîné par cette secte ? « Em-
» brassez la pureté de son culte, de peur
» que le Seigneur ne s'irrite, et que vous
» ne périssiez étant hors de la droite
» voie. » Un prince faible se laisserait épouvanter par ce langage. Alors l'équilibre serait bientôt rompu ; des préférences, chaque jour plus marquées, et qui constitueraient promptement une domination réelle, anéantiraient le gage de la paix. A ce que l'on regardait comme un ordre de choses assuré, succéderaient des persécutions d'autant plus grandes, que les autres sectes auraient eu jusques-là plus de liberté.

Une tolérance qui suppose toujours dans le gouvernement le même degré de sagesse , de fermeté , d'impartialité , je dirais presque d'insensibilité morale , ne pourrait `bien être qu'un feu sous la cendre , qui n'attend qu'un moment de faiblesse pour produire de nouveaux ravages. Voyez quel est à cet égard , et dans cet instant même , l'esprit des princes , des prêtres , et vous resterez convaincu que la tolérance elle-même a besoin d'un égide qui la protège.

CHAPITRE XXII.

Autres considérations tirées de la disposition des esprits avant la révolution.

INDÉPENDAMMENT des motifs qu'il y avait de ne prendre aucun des partis dont je viens de parler , il en était d'autres qui tenaient à la nature des circonstances et des choses , motifs d'après lesquels il fallait au gouvernement , un nouveau principe pour la direction des idées morales.

Une institution qui ne repose pas sur une vérité incontestable, cesse d'être utile du moment que l'illusion se dissipe , ou que l'erreur se propage, si l'on veut que ce soit une erreur. Tant qu'il n'y a que quelques individus qui se mettent au-dessus des préjugés reçus , ou de ce qu'ils appellent ainsi , l'on ne doit pas s'en occuper ; mais du moment que des classes entières secouent le joug et ne se soumettent plus aux pratiques du culte , il cesse d'être un instrument généralement utile. Objet de la risée des hommes éclairés , mais peu prudents ; respecté ou plutôt ménagé dans les discours du sage , mais par calcul et par décence , il devient bientôt indifférent à la multitude s'il n'en est pas méprisé. C'est cependant le grand nombre qui a besoin d'être dirigé et contenu par les préceptes religieux. Ce qu'on appelle religion a constitué jusqu'à présent la philosophie des ignorans et du vulgaire ; mais ils n'y sont soumis réellement et constamment qu'autant que les hommes d'un rang plus élevé, ou recommandables par leurs lumières, leur en donnent l'exemple.

Or, en France, à l'époque dont j'ai parlé plus haut, un grand nombre de prêtres, ou ne croyaient point, ou leur foi était si tiède qu'ils ne remplissaient les devoirs de leur état qu'avec une légèreté scandaleuse ; ils ne prenaient pas même la peine de sauver les apparences. Les personnages qui avaient quelque importance dans l'état ne croyaient point, et ne suivaient que par étiquette quelques pratiques religieuses dans des circonstances où ils ne pouvaient faire autrement. Si par faiblesse d'esprit, ou d'après la force de l'habitude, ils étaient croyans, c'était sans que cela dût les gêner en rien dans leurs habitudes vicieuses, corrompues, même perverses. La plupart des hommes occupés de belles-lettres, de sciences, d'arts, ne croyaient point, et même ne suivaient aucune pratique religieuse ; les jeunes gens surtout, qui trouvaient, en sortant de leurs pensions, cette manière d'être plus commode, et l'éducation du monde, cette troisième éducation dont parle Montesquieu, plus conforme à leurs penchans, allaient beaucoup plus loin que les hommes sensés ; et, en secouant le joug d'une croyance, selon eux, facilement démontrée absurde, ils secouaient aussi le joug d'une certaine décence, et quelquefois de toute idée morale. Dans le peuple même, les pratiques religieuses n'étaient trop souvent qu'une routine.

Une religion de l'espèce de celle suivie en France, quand on n'a pas plié ses formes aux progrès de la civilisation, est fanatisme ou n'exerce qu'un faible empire. La meilleure preuve qu'on puisse donner d'un grand refroidissement sous ce rapport, c'est que, dans le cours de la révolution, il n'y a eu de résistance que dans la ci-devant Bretagne, parce que là il y avait réellement une manière d'être qui répondait à l'état des esprits dans le 13.me siècle, c'est-à-dire, ignorance et fanatisme.

En considérant donc la religion, comme

devant être utile sans danger, il résultera toujours des faits incontestables que je viens de rappeler, qu'attaquée dans sa base elle ne faisait plus qu'imparfaitement son office, qu'elle n'était plus un lien pour l'ensemble de la société, ni un frein pour chacun de ses membres en particulier.

CHAPITRE XXIII.

Prétentions singulières et embarras des gouvernemens modernes.

Il est un autre point de vue sous lequel la question se présente avec une bien autre importance.

Plus il y a d'incohérence dans les principes d'un gouvernement, plus il offre de causes de désordre et de germes de destruction; au contraire l'homogénéité dans ses élémens, l'harmonie dans ses moyens, l'unité dans son action, sont autant de gages de sa force et de sa durée ; or, n'est-ce pas une chose bien étrange et bien déplorable que le spectacle des gouvernemens modernes, où, d'une part, l'on cherche la prospérité, l'éclat, la puissance et la gloire dans le plus grand développement des lumières ; et où, de l'autre, on pense qu'il n'y a de moyen de subordination et de soumission que dans des doctrines et des pratiques réprouvées par un nombre plus ou moins grand de citoyens, où l'on voit des corps savans créés, encouragés pour découvrir la vérité, et une puissance religieuse qui croit ne pouvoir se maintenir que par l'ignorance, ou qu'en déterminant elle-même les limites où doivent s'arrêter les recherches des savans. Il en résulte nécessairement un combat perpétuel, également funeste pour les sciences, pour la morale et pour la tranquillité de tous. La nation, ainsi partagée entre des volontés et des actions absolument opposées, ne peut avoir une physionomie franche et déci-

dée. Comment pourrait-on voir un certain accord et un caractère national dans
un corps politique , lorsque toutes ses
parties , les pouvoirs publics, les cités,
les familles, les individus, renferment
un germe palpable et toujours actif de
désunion et de querelle ? Le gouvernement, placé au milieu de ces élémens
disparates et contradictoires , employe
toute sa force , épuise tous ses moyens
pour concilier des prétentions aussi
inconciliables. Le théologien ne voit
que l'abomination de la désolation dans
la protection accordée aux sciences ;
l'homme qui se croit éclairé , ou qui l'est
réellement , ne s'explique pas toujours
avec une grande mesure et beaucoup de
modération , sur les prétentions du théologien. Quelle consistance réelle un gouvernement peut-il avoir au milieu de
cette conflagration de tous les instans ?
En supposant qu'un prince eût pris , par
son génie, un ascendant tel qu'il ferait
taire toutes ces passions , qu'en faut-
il conclure ? qu'elles n'en seront que

plus violentes, quand cet ascendant aura cessé.

Une opinion publique, favorable et bien prononcée, est le signe auquel un gouvernement doit reconnaître le succès de ses efforts; c'est cette même opinion qui constitue moralement une nation. Qui lui donnera l'impulsion dans un pareil ordre de choses? les corps savans : dans ce cas, les religions auxquelles les gouvernemens veulent, malgré tout, attacher le secret de leur conservation, ou n'y résisteront pas ou en altéreront la pureté, afin d'en affaiblir l'effet. L'opinion émanera-t-elle de l'institution religieuse? Alors, la première loi qui sera portée, sera la proscription des savans et de leurs travaux. Il faudra donc renoncer aux avantages qu'offrent les sciences. Où conduira ensuite cette opinion, quelle sera son utilité, lorsque, dans leur état actuel, les religions qui tolèrent les gouvernemens, ont un but qui n'est pas le leur?

CHAPITRE XXIV.

Résumé et Conclusion.

En résumant ces réflexions, on voit d'un côté un gouvernement sans appui, sans considération, sans force réelle, isolé de tout ce qui peut affermir la puissance, la rendre plus respectable, en imposer au peuple, et lui inspirer confiance et dévouement ; de l'autre toutes les parties de la société sans autorité morale, sans lien, sans guide, sans motif d'émulation, sans moyen d'instruction ; par-tout des germes d'appauvrissement et de dissolution : tel était le spectacle que présentait le corps politique lors de l'établissement de la constitution de l'an 3, et pendant sa durée. En méditant sur des circonstances aussi graves et aussi embarrassantes, il m'a semblé qu'il fallait sortir de cet abyme par une institution qui ne fût point un culte ;

mais qui pût en tenir lieu ; dont la première loi fut de n'attaquer aucune religion, mais qui, dans un temps donné,
par la force de sa nature et par le fait ,
pût les suppléer toutes ou au moins les
co-ordonner à une pensée plus puissante qu'elles ; une institution qui fût
à-la-fois un moyen d'enseignement ,
de surveillance et de censure.

J'en avais tracé le plan que je vais
rappeler dans une seconde partie.
Qu'on juge, par le but que je me propo-
sais, de l'importance que j'y devais attacher. D'une telle mesure, selon ma conviction , dépendaient le maintien , la
durée et la force des nouveaux établissemens , la sûreté de l'état , toutes les
garanties et une gloire telle qu'aucun
législateur n'en avait obtenu de semblable , puisque jamais gouvernement n'a-
vait été fondé sur les idées simples et
saines d'une philosophie qui n'a en
vue que le bien de l'humanité , ni les
institutions basées sur les progrès et le

plus grand développement possible des lumières et de la vérité.

Les avantages que je voyais alors dans ce plan, je les y vois encore, et l'exécution n'en serait pas moins salutaire aujourd'hui qu'elle était alors indispensable.

SECONDE PARTIE.

DU PRINCIPE FONDAMENTAL DES SOCIÉTÉS, ET DE L'INSTITUTION PROPRE A EN ASSURER L'EXÉCUTION.

Introduction.

FIXER tous les doutes, sur les principes d'après lesquels les sociétés doivent être régies, établir des points de doctrines bienprécis, bien arrêtés, c'est faire, ce me semble, ce qu'il y a de plus favorable au bon ordre, à la paix intérieure, à la bonne intelligence entre les citoyens, et à la tranquillité des esprits. On ne peut trop tôt reconnaître et proclamer les bases sur lesquelles repose un gouvernement; nous venons de démontrer que, pendant le cours de

la révolution, celles qu'on a adoptées
sont incertaines et vicieuses, et que de là
sont nés tous les désordres et toutes
les catastrophes qui se sont succédé;
je vais chercher dans cette seconde partie si on ne peut en assigner de positives et d'incontestables.

J'ai remarqué au chapitre I.er de la
première partie, que les sociétés étaient
soumises à une double action, l'une
politique qu'on appelle proprement gouvernement; l'autre morale et religieuse,
exercée par les religions. J'examinerai
quelles doivent être les principes de ces
deux actions. Je prouverai que ces principes sont les mêmes pour l'une comme
pour l'autre, et que par conséquent
elles doivent appartenir à la même autorité. Dans une troisième division, je
tracerai le plan de l'institution au
moyen de laquelle un gouvernement
pourrait diriger, vers le but de son établissement, toutes les volontés et tous
les sentimens.

I.ᵉʳᵉ DIVISION.

DE LA DOCTRINE POLITIQUE.

CHAPITRE I.ᵉʳ

Principe fondamental des sociétés.

L'INTELLIGENCE qui a créé le monde, a donné à chacune de ses créatures l'impulsion qui détermine ses habitudes, ce qui, pour le moins, autant que les formes extérieures, caractérise les différentes espèces. Lorsqu'elle fixait ainsi pour chacune de ces espèces, les lois d'après lesquelles elles devaient se reproduire, vivre et se conserver, toujours conséquente, toujours uniforme dans ses procédés, elle ne pouvait pas, dans cette distribution d'instincts et de facultés plus ou moins développés, oublier l'homme qu'elle destinait à la concevoir, sinon dans son immensité et sa forme, au moins dans sa nécessité ; aussi ne l'a-t-elle pas fait. J'appelerai cette intelligence Dieu, afin d'éviter les périphrases.

Dieu a voulu que l'homme fût un être sociable, et il a placé dans sa raison des règles aussi invariables, aussi nécessaires que ce qui constitue l'instinct dans les animaux ; règles sans lesquelles deux êtres humains ne peuvent se conserver et vivre ensemble. Ces règles sont : « Ne fais pas a autrui ce que » tu ne veux pas qu'on te fasse ; » respecte ton semblable pour en » être respecté ; fais pour ton sem- » blable ce que tu veux qu'il fasse » pour toi. » Ces règles sont aussi indispensables à l'existence du monde moral, que l'équilibre à celle du monde physique. C'est dans la nécessité absolue de ces règles que consiste la première et la plus incontestable des révélations ; elles sont éternelles comme la sagesse qui les a posées. Aussi les révélations faites dans le cours des siècles , et qui appartiennent au temps , n'ont pas manqué de s'en emparer : *Ne faites pas à autrui ce que vous ne voulez pas qu'on vous fasse ; faites-donc aux hommes ce que vous voulez qu'ils vous fassent ;* CAR C'EST LA LOI ET LES PROPHÈTES , dit l'évangéliste Mathieu, chap. VII , ℣. 12. *Car c'est la loi et les Prophètes :* cet aveu est singulièrement remarquable. L'évangéliste reconnaît donc une doctrine antérieure à la sienne , une doctrine qu'il appelle *la loi* , qu'il présente comme le seul flambeau propre à éclairer la conduite des hommes. Je me trouverai sur ce point toujours d'accord avec Saint-Mathieu ; j'en fais l'observation , toutefois je n'entends pas le citer comme autorité ; je n'en veux d'autre que celle qui résulte de la nature et de la force des choses.

Il ne faut pas de profondes méditations pour se convaincre que , sous le rapport moral comme sous le rapport physique , la nature ou Dieu a placé dans l'intelligence de l'homme tout ce qui est nécessaire à sa conservation. Ce qui détruit en un seul mot bien des assertions absurdes.

Du principe que je viens d'énoncer découlent les préceptes de la morale, les élémens du droit public et particulier. Chaque individu est soumis à cette loi fondamentale, sous peine de n'avoir aucune garantie même pour sa vie. Les sociétés entières y sont soumises sous peine d'une guerre dont le terme ne peut être que leur destruction.

CHAPITRE II.

De la Souveraineté.

Si les hommes, par la nature de leurs organes, de leurs besoins et de leur intelligence, ne sont pas les maîtres de vivre ou de ne pas vivre en société ; si, en vivant en société, ils sont soumis à une loi pré-

existante, parce qu'elle est de toute éter-
nité dans l'intelligence de Dieu principe
de tout ordre, inhérente à leur espèce,
puisqu'elle est la condition sans laquelle
elle ne peut être conservée, ils ne sont
donc pas maîtres, mais subordonnés;
leur réunion n'est point l'effet d'un contrat, qu'une fantaisie puisse former, et
qu'une fantaisie puisse dissoudre; mais
l'accomplissement des volontés éternelles
du créateur de toutes choses. *La véri-*
table souveraineté réside donc dans
la divinité; elle se manifeste à tous les
instans par la nécessité de cette loi première sans laquelle il n'y a qu'horreur
et destruction; ainsi la terre se rattache,
par l'intelligence de l'homme, au ciel
ou à l'ensemble des différentes parties
de la création. La volonté de l'homme
se trouve subordonnée à la puissance de
Dieu, qui veut que les hommes vivent
en société, et qu'ils y vivent d'une manière conforme à la règle qu'il a établie.
Dès-lors, la souveraineté des nations ou
du peuple n'est plus qu'une faculté

relative qui s'applique, soit au territoire, soit au choix des hommes qui auront le commandement, soit aux conditions qui leur sont imposées, soit au développement du principe fondamental dans ce qui constitue le droit public, la législation et l'administration.

Les hommes ne peuvent vivre sans reconnaître un gouvernement, ne fussent-ils que deux; c'est-à-dire qu'il faut qu'ils se soumettent au grand principe d'équité, et à un sentiment de bienveillance mutuelle, sans quoi, et si chacun n'écoute que ses convenances particulières, ils seront obligés de se séparer. Leur bonheur est attaché à leur union, et leur union produira des effets heureux, en raison de la soumission plus ou moins parfaite au principe. A mesure que leur nombre augmente, le gouvernement se développe, prend des formes et un caractère analogue à la population, à la position et à l'étendue du territoire, au degré de civilisation, etc.; mais c'est toujours par le même sentiment, pour satisfaire au même besoin ; et pour être bon, un gouvernement ne doit avoir d'autre base que ce principe, d'autre but que son exécution et son maintien ; plus il s'en éloigne, plus il devient mauvais. L'exécution plus ou moins pure du principe est encore ce qui caractérise sa légitimité, parce que les peuples doivent, et sont engagés dans la proportion de la justice qu'on leur rend. Le gouvernement qui se montre ainsi dégagé de tout alliage impur, représente, et la volonté de Dieu dans le principe nécessaire et irréfragable des sociétés, et la volonté du peuple dans l'expression du besoin qu'il a chaque jour de l'application du principe à sa conservation.

Le chef, ou les chefs du gouvernement que je désignerai désormais par le nom *de prince*, tant qu'ils sont en fonction, et quelle qu'en soit la durée, au terme des actes de leur création, ne peuvent plus être considérés comme une magistrature qui pourrait ne pas exister, comme de simples exécuteurs d'ordre.

D'après la nature des choses, ils sont l'ordre lui-même; ils doivent être, dans la règle de leur institution, inébranlables comme le principe en vertu duquel ils existent : à cette imperturbabilité sont attachés le bonheur et la durée des nations.

Lorsque je place le principe de la souveraineté dans le principe de l'éternelle justice, je ne dois point effrayer les amis de la liberté, à laquelle on ne peut pas donner une garantie plus puissante ; car la règle est pour le prince comme pour le peuple.

Je rejette donc la *souveraineté du peuple*, d'après les idées qu'on y a attachées, notamment dans ces derniers temps ; car cette doctrine n'est pas nouvelle ; elle donnerait lieu à une incertitude, à une mobilité qui ne peuvent se concilier avec la justice qui doit toujours être la même, ni avec l'ordre sans lequel il n'y a point de société.

Je n'admets pas davantage la souveraineté telle qu'on prétend qu'elle existe sur la tête du prince, dans ce qu'on appelle les monarchies pures, ou absolues; souveraineté dont les conséquences sont aussi étranges, aussi funestes que l'origine en est absurde, puisqu'en ne rapportant le pouvoir à aucun principe, les conséquences ne peuvent être que l'arbitraire. Les écrivains qui ont voulu établir les droits de cette souveraineté sur je ne sais quels prétendus droits de famille, ne sont pas même intelligibles.

En reconnaissant que les pouvoirs publics sont dans la volonté de Dieu et une émanation de sa puissance, puisqu'ils sont institués pour le maintien du principe auquel il a attaché la conservation des hommes pris individuellement et collectivement, en reconnaissant que les lois ne peuvent être que les conséquences du grand principe; c'est donner à l'autorité suprême et aux lois, un caractère religieux, méconnu jusqu'à ce jour; caractère qui seul peut présenter aux peuples le prince et les lois comme les premiers objets de leur vénération et de leur culte. Il en résulte une autre conséquence, c'est qu'il est dans les attributions du prince, comme dans ses devoirs, d'établir un ordre moral et religieux indépendant de toute croyance partielle, et susceptible de contestation.

Le prince et les lois tiennent-ils dans la société, la place qui leur appartient, quand une institution qui n'est pas le gouvernement, et des règles d'un autre ordre dirigent tous les mouvemens de la pensée et du cœur ? Il fallait leur rendre ce qui leur appartient ; premiers dans l'ordre des temps, il fallait qu'ils le fussent aussi dans l'ordre des choses.

CHAPITRE III.

De la Liberté et de l'Égalité.

J'AI déjà parlé de la liberté pour dire ce qu'elle n'est pas, et que l'on n'était pas d'accord sur le sens de ce mot. En

poussant plus loin l'examen, on trouverait peut-être qu'aucun de ceux qui le
prononcent et l'invoquent, n'y attache.
pas même, pour son propre compte, des
idées bien précises et bien nettes.

On distingue la liberté politique de
la liberté civile.

D'après les idées le plus généralement
reçues, la liberté politique ne consiste
pas seulement dans les garanties que
donne l'organisation des pouvoirs, à la
sûreté des individus; mais dans le droit
qu'à un peuple d'établir, de changer ou
de modifier son gouvernement, d'établir,
de modifier ou de changer sa législation.

La liberté civile existe là où la vie,
les actions et la fortune des individus
sont protégées par les lois, ne peuvent
être attaquées qu'en remplissant des formalités indispensables, et lorsque le
maintien de ces formalités est lui-même
garanti par des institutions. On pourrait
désigner cette espèce de liberté par le
mot *Justice*, la même pour tous, la
même dans tous les temps, et cette

certitude d'une justice dont rien ne peut altérer les formes ni les arrêts, constituerait encore *l'égalité* sociale. Les mots *liberté*, *égalité*, remplacés, ou au moins fixés par celui de *justice*, auraient un sens plus positif et moins dangereux.

Quant à la liberté politique, telle qu'on la définit, elle serait susceptible de beaucoup d'observations. Un peuple nombreux, qui couvre un vaste territoire, ne peut pas procéder comme les habitans d'une cité dont la puissance ne s'étend pas plus loin que ses murailles ou que les limites d'un territoire très-circonscrit. Ceux-ci peuvent, au milieu du tumulte, décider de leurs affaires sur une place publique, surtout si les travaux domestiques de toute espèce sont exécutés par des esclaves; mais un grand peuple ne peut pas en agir ainsi. Il serait donc condamné à être privé de cette liberté qu'on appelle politique, puisqu'il ne pourrait jamais délibérer spontanément sur ses intérêts. Je ne le pense pas, et il doit trouver, par les moyens d'un ordre régulièrement et sévèrement établi, des avantages que les petits peuples ne rencontrent probablement pas au milieu des orages de leurs délibérations.

L'ordre, chez un grand peuple, peut constituer la liberté politique; mais ce résultat est trompeur, le despotisme a aussi pour but l'ordre, et un ordre rigoureux. Il y a plus, la présence des lois et leur empire ne sont pas toujours une preuve que la liberté politique et civile existe; car si les lois sont de nature à compromettre facilement la sûreté des individus, si elles les gênent sans nécessité, si elles consacrent des injustices; qu'est-ce encore que la liberté ou civile ou politique qui en résulte?

Voyons si l'on ne peut pas attacher à ces mots des idées plus claires, dont les conséquences soient facilement évidentes, et si le principe que j'ai posé comme base de la société, ne jette pas encore sur ces questions un jour propre à déterminer ce qui est vague, et à fixer ce qui est incertain.

Je le répète : la liberté politique ne peut être entière pour les hommes. Ils doivent vivre en société ; ils doivent y vivre d'après les règles qui sont dans leur nature, et qui constituent une force à laquelle ils ne peuvent échapper.

Il résulte de là une conséquence première qui paraîtra peut-être assez singulière, c'est que la majorité même ne peut faire de loi qu'autant quelle se conforme au principe reconnu. Une législation barbare qui, par exemple, soumettrait une partie de la population à l'esclavage (*), qui accorderait aux uns

---

(*) Je parle ici d'une manière abstraite. Je n'entends point faire l'application de ces principes à un pays où l'esclavage serait établi, comme dans les colonies d'Amérique. C'est avec le temps qu'il faut changer ce qui a existé pendant long-temps ; c'est à la prévoyance et à la sagesse à corriger les erreurs de l'ignorance et de la cupidité. Nous ne serions chargés des iniquités de nos pères qu'autant que nous ne ferions pas ce qui dépend

ce qu'elle refuserait aux autres ; qui établirait des classes dont les unes seraient condamnées à une humiliation éternelle. Une telle législation serait un acte de violence que la force peut maintenir, mais que rien ne peut légitimer. Si l'individu qui gémit sous une législation cruelle, avait assez de force à lui seul pour en secouer le joug, nul doute que le droit est pour lui. Ce n'est donc pas la faculté de vouloir qui constitue la liberté politique ; mais l'accomplissement d'un devoir qui consiste à se soumettre à la loi préexistante. Si l'ordre établi est conforme au grand principe de justice, qu'il le soit par un seul, qu'il le soit par tous, la liberté politique existera ; au contraire, si la législation consacre l'oppression d'une portion quelconque d'individus, elle cesse d'être

---

de nous pour les effacer ; mais il ne faut jamais oublier qu'une humanité imprudente peut causer d'aussi grands ravages que la barbarie la plus atroce.

légitime, quel que soit le nombre de délibérans qui ayent concouru à son établissement.

La liberté individuelle est une conséquence de la liberté politique. J'ai souvent entendu dire : La liberté individuelle est préférable à la liberté politique ; mais il ne peut y avoir de liberté individuelle là où la liberté politique n'existe pas.

Il ne suffit pas que l'on reconnaisse comme bases de l'ordre social les principes que je viens de rappeler, pour que la liberté soit entière et assurée, il faut que, dans le développement des moyens nécessaires à un gouvernement, pour qu'il puisse remplir sa fonction, ces principes ne soient alliés à aucune erreur.

On confond sans cesse la liberté avec les formes et les combinaisons imaginées pour lui donner des garanties. Ces formes et ces combinaisons ne sont point la liberté ; elles pourraient être établies qu'elles ne serviraient, sous ce prétexte, qu'à donner plus d'énergie à une op-

pression réelle. L'Angleterre est tout
juste dans cette situation , par rapport
aux Irlandais catholiques. Au contraire,
malgré l'absence de certaines formes , et
quelle que soit la nature des établissemens , il y aura liberté, si le gouvernement veut n'allier au principe fondamental que les vérités reconnues , et celles
que l'on peut découvrir : c'est dans la
vérité et la vérité seule qu'est la liberté.

Je veux seulement donner une idée
exacte de ce que j'entends par *souveraineté , liberté , égalité*. Mon but n'est
point d'indiquer les combinaisons au
moyen desquelles on peut , dans une
organisation des pouvoirs publics , assurer ces avantages inappréciables; mais
comme , dans mon opinion , ces combinaisons ne sont rien sans le principe qui
doit en être la base , je m'attache exclusivement à ce principe et à l'institution morale , propre à le réaliser. Cette
institution morale est comme le point de
départ et la pierre angulaire de toutes
les autres parties du gouvernement ; elle

en détermine le caractère, elle en constitue l'esprit. Si elle est établie sur l'erreur, et si l'on regarde les erreurs comme nécessaires, dès-lors il faut des moyens extraordinaires pour faire taire la raison, pour rendre les esprits stationnaires, et imposer silence à la parole. Une telle institution sera une source perpétuelle de mesures violentes ; elle n'appuye pas seulement le despotisme, elle l'appelle, elle le commande. Le prince est obligé de se mettre en opposition avec les hommes éclairés ; il croit de son devoir de donner de la considération à des choses qui ne méritent que des égards, et souvent de la pitié, à des hommes qui doivent bien plutôt appeler sa surveillance ; l'état est dans un déchirement perpétuel. Quel peut être le sort d'un peuple gouverné d'après de tels élémens, sinon de s'abrutir ou d'être livré à des désordres et à des catastrophes.

Si au contraire, l'institution morale, formée dans le sens du plus grand développement de l'esprit humain, recueille toutes les vérités existantes, si elle est toujours disposée à recevoir celles qu'on ne connaît pas, pour les appliquer aux besoins de la société ; une telle institution corrigerait le gouvernement le plus despotique qui se trouverait sous son influence. Elle éleverait l'ame des princes, en leur faisant voir la grandeur et la puissance dans le bien-être des peuples, le bien-être dans les choses raisonnables et la plus grande étendue des lumières. Ils seraient bientôt convaincus que ce qui donne le plus de puissance, et même de pouvoir, est l'art de bien faire.

Après le principe fondamental des sociétés, la vérité, toutes les vérités, sont les élémens indispensables de la liberté. Les gouvernemens ne peuvent prétendre à les découvrir toutes, et ne sont pas même assurés de se préserver de l'erreur ; mais ils doivent être organisés de manière à aller au-devant, à les provoquer, et que plus il s'en découvrira, plus ils auront de moyens de bonheur pour les peuples, et pour eux de sécurité ainsi que de stabilité.

Plus on se pénétrera de l'idée que le principe de tout bien est la vérité ; mais la vérité incontestable, ou qui ne peut être contestée raisonnablement avec utilité, car on peut contester l'évidence, et plus on sera convaincu de la nécessité d'une institution nouvelle pour arriver à un résultat aussi nouveau.

CHAPITRE IV.

De la nécessité d'un corps de doctrine morale enseignée au nom du prince.

Si l'on reconnaît que le gouvernement est institué dans l'esprit de la création de l'homme et pour en assurer le but, et si le gouvernement lui-même, rendant hommage au principe en vertu duquel il est établi, y rapporte toutes ses opérations, il est évident qu'il n'a pas seulement le droit, mais qu'il est obligé d'embrasser à la fois l'action politique et l'action morale, qu'il ne doit pas seulement à ses administrés de les défendre, d'appaiser et de juger leurs différens, mais qu'il leur doit l'enseignement des règles de conduite qui leur sont tracées, et des devoirs qui leur sont imposés par la nature de leur être.

Or, ces règles, ces devoirs, doivent former un corps de doctrine composé de principes incontestables, appuyé sur quelques points fondamentaux de croyance qui ne le soient pas davantage.

En général, les gouvernemens modernes ont emprunté, pour remplir cet office, le secours des religions. Ces gouvernemens ne sont eux-mêmes appuyés sur aucun principe réel, ils prétendent exister en vertu de droits attribués à certaines familles; et ces droits prennent leur source dans un ordre de choses qui est évidemment le résultat de la violence faite aux nations par un petit nombre d'hommes, et des priviléges que ceux-ci se sont attribués. Il n'est donc pas étonnant que des gouvernemens, qui régnent par le droit de l'épée, ayent, pour régler la conduite des sujets, appelé un secours étranger.

Je n'attaque point les religions, je ne conteste point les vérités dont elles prétendent être les dépositaires et les organes ; il me suffira d'observer, d'une manière plus précise, ce qui se retrouve dans tout le cours de cet ouvrage, avec plus ou moins de développement, et sous des formes différentes. Le principe fondamental des sociétés, qui est à la fois le titre et la règle du gouvernement, qui est pur comme sa source, et incontestable comme la vérité, est antérieur à toutes les révélations surnaturelles, qui le reconnaissent comme la première loi qu'elles invoquent, et dont elles recommandent par-dessus toutes choses l'exécution. Or, l'exécution du principe appartient au prince avec lequel il s'identifie ; son premier devoir est donc de l'assurer par tous les moyens qui sont dans son intelligence ; par-là il garantit son indépendance, il co-ordonne à l'intérêt de tous, et au bon ordre, les révélations surnaturelles qui ne peuvent avoir pour but que de faire connaître plus particulièrement à l'homme les volontés de Dieu et leurs devoirs.

Mais, si les révélations contiennent vérité, il est bien certain que tous les hommes n'en reconnaissent pas l'évidence, ou qu'ils sont partagés sur le sens qu'on peut leur donner. Le prince, qui doit la même bienveillance et la même protection à tous, serait donc obligé, ou de faire violence à un nombre quelconque pour les soumettre à une opinion qu'ils reprouvent, ou d'abandonner les sentimens et l'opinion de ses administrés à tous ceux qui s'aviseraient de vouloir faire secte; en même temps qu'il oublierait le premier de ses devoirs, il perdrait le plus grand de ses avantages.

Dans cette position, que peut-il faire de mieux que d'assurer, par des moyens qui lui soient propres, l'enseignement du grand principe et des conséquences qui en découlent ?

Fixons les élémens de la doctrine morale et religieuse, qui peuvent et qui doivent être enseignés, au nom du prince, parce qu'ils appartiennent naturellement à ses hautes fonctions.

II.e DIVISION:

DE LA DOCTRINE MORALE.

CHAPITRE V.

Comment il convient de lier les découvertes des savans à l'action du gouvernement, et à l'enseignement de la morale.

PLUS une doctrine est vraie, plus le bien qu'elle produit est certain et inaltérable. On ne peut trop le répéter, si la vérité est le premier élément de la liberté, elle l'est aussi de la durée des établissemens politiques , quelle qu'en soit la forme ; non que je regarde la forme comme indifférente , elle est aussi essentielle pour le prince que pour le peuple , afin que l'on puisse reconnaître qu'ils sont réciproquement sur la ligne de leurs devoirs ; elle est également essentielle pour écarter l'intrigue , l'ignorance et les vices , pour mettre en évidence les talens et les vertus. C'est la forme seule qui peut donner à l'intérêt public des organes, et au prince des conseillers nécessaires qui ne le trompent pas.

Il n'y a eu, et il n'y aura jamais ni querelle ni catastrophe sur ce qui est démontré vrai. On n'a point vu de guerre ni de procès sur la question de savoir si deux et deux font quatre. On se trompe plus facilement, j'en conviens, en morale qu'en arithmétique ; mais l'esprit du corps politique le portant sans cesse vers la vérité, cette direction des institutions équivaut à une vérité constamment démontrée. C'est donc la vérité et le besoin constant de la vérité qu'il faut réduire en doctrine et instituer.

Si les diverses théogonies présentent des absurdités plus ou moins grossières; elles ont au moins cela de raisonnable et de bien entendu, qu'elles remontent à une cause première comme principe nécessaire de toute idée morale. En cela du moins elles sont d'accord avec les procédés d'une sage philosophie.

Les chefs des religions ont voulu expliquer le monde et sa cause, tous ont imaginé des théogonies et des cosmogonies qu'ils ont liées à leur doctrine et à des révélations surnaturelles; mais comme la plupart étaient plus ou moins ignorans, et bien éloignés de savoir ce qu'ils enseignaient, il en est résulté que, faisant parler Dieu selon leur ignorance, les véritables connaissances en physique et en astronomie ont mis au grand jour la fausseté de leurs dogmes et de leurs doctrines.

Ici je touche un des points de morale et de politique les plus importans et les

plus contestés. Des hommes pleins de
raison, de candeur et de bonne foi, avec
des connaissances étendues et des opinions honorables pour l'humanité, pen-
sent qu'il est impossible que l'erreur ne
soit pas instituée dans les sociétés humaines ; que telle est la condition impo-
sée à la faiblesse de l'homme ; que les
choses sont ainsi depuis que le monde
existe, et qu'il n'y a pas lieu de croire
qu'elles puissent être autrement : c'est
dire, en d'autres termes, que l'erreur
doit exercer parmi les hommes, la première, la seule et véritable puissance,
celle qui commande à la pensée, qui
dirige les affections de l'ame et du cœur.

Je commence par répondre à cette observation que, s'il est vrai qu'on ne
puisse contenir et gouverner les hommes
qu'avec des erreurs ou des fables, j'en
conclus que Dieu, qui se serait trompé
dans la partie la plus essentielle de son
ouvrage, n'existe pas ; que l'homme, jeté
au hasard sur la terre, peut ne se soumettre à d'autres règles qu'à celles des es

convenances personnelles ; que tout ce qu'il peut faire impunément , il le peut légitimement ; que si on était maître de mentir à sa conscience , et d'enseigner de prétendues vérités auxquelles on ne croirait pas , sous prétexte de le mieux gouverner , il se croirait bien libre de mentir à la sienne , s'il pouvait par-là éviter ce qui le gêne dans l'action du gouvernement , ou , pour parler plus juste , il n'y aurait plus ni conscience ni devoirs ; il n'y aurait que fraude d'un côté et sottise de l'autre. Que deviendra la fraude si la sottise s'éclaire ? J'ajoute que , si l'on est forcé de reconnaître dans l'ordre politique une erreur quelconque comme nécessaire , il est bien inutile de chercher des formes en faveur de la liberté , il n'y en a point. Comment les hommes sensés , qui ont quelques lumières dans l'esprit et quelqu'élévation dans l'ame , pourraient-ils vivre dans un ordre de choses où il n'y aurait de place que pour les tyrans, les hypocrites et les brutes.

Heureusement les assertions que je combats ne sont point fondées ; Dieu a donné à l'homme la faculté de reconnaître des principes incontestables , que personne ne s'avisera de rejeter , ni même de révoquer en doute , quand on les présentera dans leur pureté ; il a placé dans l'intelligence et le cœur de chaque individu , une révélation qui pour être évidente et incontestée , n'a besoin ni d'inquisition , ni de cachots , ni de bûchers. Elle existe dans un sentiment profond du bien et du mal , que les passions les plus violentes n'étouffent pas en nous , dans l'enchaînement des êtres , dans les rapports de famille , dans le désir , le besoin et le pouvoir de se conserver. C'est une chose bien importante à observer , que Dieu , qui a placé dans l'instinct de chaque espèce d'animaux la mesure de ce qu'ils doivent faire pour assurer leur conservation , a donné à l'homme moral précisément l'étendue de connaissances qu'il lui fallait pour se co-ordonner à ses vues. Du reste , il n'a voulu lui rien apprendre sur sa nature et le but de son grand ouvrage.

Je trouve que, dans tous les temps, on a dû remonter à une cause générale ; mais ce principe admis, il faut s'arrêter devant l'intervalle que Dieu, qui est cette cause première, a voulu mettre entre lui et ses créatures. L'homme doit s'incliner devant cet abîme qui renferme les secrets de ses destinées et ceux de la nature. Rien de plus grand, de plus terrible peut-il frapper son imagination ? Qui peut faire une impression plus profonde que cette image présentée sous son redoutable aspect ! Voir et ne pas comprendre, adorer et se soumettre, telle est la première loi que le prince s'impose à lui-même, et qu'il impose à ceux qu'il régit.

Mais pour fixer davantage l'attention des hommes, et se mettre plus à portée de leur faiblesse et de leurs habitudes, il faut les ramener des profondeurs où notre esprit se confond, aux objets sensibles ; pour cela, il faut réduire en corps de doctrine, ce que les savans regardent comme certain dans l'existence du monde physique, et appliquer l'idée et le nom de Dieu à chaque phénomène : *Cœli enarrant gloriam Dei.* (*)

De cette manière, au moins quant au gouvernement, le combat entre les révélations surnaturelles et la raison d'un

---

(*) J'ai rédigé, pour l'éducation d'un enfant à qui je prenais intérêt, cette doctrine dans la forme des catéchistes ; c'est-à-dire dogmatiquement, et de manière que l'affirmative ou la solution de la question est toujours dans la bouche de celui que l'on veut instruire. Jamais apôtre n'a obtenu un succès plus complet.

J'ai vu, dans ma jeunesse, un exemple de l'impression singulière que peut faire sur le peuple une doctrine telle que je la propose. Un religieux pénitent, prêchant un carême dans une campagne où je me trouvais alors, s'avisa d'intercaler dans ses sermons des explications positives sur les fonctions de quelques-uns de nos organes et sur le mécanisme du corps humain ; les paysans l'écoutaient avec tant d'avidité que, lorsqu'il quittait un village pour aller le même jour prêcher dans un autre, ainsi que cela se pratiquait, ils couraient dans cet autre village pour l'entendre de nouveau. S'il avait voulu faire secte, rien ne lui eût été plus facile.

nombre quelconque d'individus , cesse.
L'état des sciences , les travaux des savans, les efforts de l'institution chargée
de ce qui tient à l'enseignement et au
maintien des mœurs ; tout marche d'un
commun accord vers le même but : le
bien de la patrie et de chaque individu.
Voilà ce me semble ce qu'on peut appeler
unité de principes et d'action dans un
gouvernement.

Quant à la forme de l'enseignement ,
je tiens pour maxime que les enfans, ce
qu'on appelle le peuple , doivent être
enseignés dogmatiquement, et non phi-
losophiquement ; et cela est tout simple,
puisqu'il s'agit de choses que l'on croit
indispensables à la conservation et au
bien-être de la société , ce serait tomber
dans une étrange contradiction que de
paraître élever le moindre doute sur ce
que l'on enseigne.

L'on ne doit supposer ni aux enfans,
ni au commun des hommes, les connaissances et la rectitude de jugement néces-

saires pour pouvoir discuter des points aussi importans. Il ne faut donc point enseigner par le raisonnement, mais par l'autorité.

Toutefois, observez que je ne propose pas de consacrer comme un dogme, hors lequel il n'y a point de salut, que ce qui est aujourd'hui considéré comme une vérité sera toujours une vérité ; loin de là nous ne reconnaissons pour vérité que ce qui a obtenu, à ce titre, l'assentiment des hommes (pris isolément) et des peuples. Si sur un point on découvre qu'on s'est trompé, l'idée qu'on en avait est de suite, et par celà seul, abandonnée comme ne pouvant plus faire partie de la doctrine, parce que le corps politique n'a de sentiment que pour ce qui est la vérité et l'évidence. Non-seulement ce qui n'a pas ce caractère lui est inutile ; mais l'erreur le blesse et compromet sa sûreté.

CHAPITRE VI.

Principes généraux de morale.

L'ENSEIGNEMENT qu'on peut appeler dogmatique consiste donc dans l'existence de Dieu, du système du monde son plus bel ouvrage à nos yeux, les phénomènes de la nature.

L'homme, comme créature à laquelle Dieu a donné une portion de son intelligence, puisqu'il a le sentiment de son être, et comprend au moins sous de certains rapports les objets soumis à ses regards, doit être distingué des autres animaux comme le moyen que Dieu a employé pour unir, par la pensée, la terre aux autres parties de la création. Cette intelligence, que j'appelerai suranimale, dont l'homme est doué, une fois créée, on ne peut pas concevoir l'idée de sa destruction ; de là l'immortalité de l'ame.

Ces deux points de l'existence de Dieu et de l'immortalité de l'ame ont été attaqués; mais l'opinion de tous les peuples, la beauté et la nécessité de ces dogmes autorisent à les reconnaître comme des vérités inébranlables.

Dieu *a révélé* à l'homme des principes d'ordre et de subordination : ceux qui les suivent lui sont agréables , il les récompense; ceux qui les violent l'offensent , il les châtie.

Le premier anneau qui rattache l'enfant à la chaîne des êtres , en remontant jusqu'à la puissance qui les fit naître , c'est le père de famille. Le père représente donc pour l'enfant l'acte de Dieu dans la création. De là le respect qu'il se doit à soi-même vis-à-vis de ses enfans; de là l'amour que l'enfant doit à ses père et mère, dans lesquels il convient de lui montrer sans cesse la main et la volonté de Dieu; de là, la PIÉTÉ FILIALE, le premier des sentimens comme le plus précieux. L'enfant élevé dans le respect et l'amour de ses parens , a dans son cœur le germe de toutes les vertus ; il sera également cher à sa patrie , à ses semblables et à sa famille. La piété filiale sera la base de la plus pure morale , le fondement de l'éducation et de la subordination.

L'homme vit au milieu d'autres hommes , issus de la même origine , doués de la même intelligence , enfans du même Dieu ; il est fort avec leur bienveillance , il est faible et misérable s'il en est abandonné ; son devoir ainsi que son intérêt doivent donc le porter à les aimer comme ses frères , pour en être aimé , et à les servir pour en obtenir des services.

Les hommes vivent en société , ils y sont soumis à des lois premières qui sont le résultat de la force des choses , et d'une volonté supérieure préexistante ; ils ont cherché , dans les développemens de ces lois premières , des règles pour asseoir l'autorité chargée de maintenir leur exécution , et pour déterminer les nombreux rapports qu'ils ont entr'eux , ainsi que ce qui convient à leur sûreté. On reconnaît dans ces développemens la volonté commune ou générale , ou nationale , qui n'est que la conséquence de la volonté de Dieu.

Le gouvernement, chargé de maintenir l'ordre et de veiller à la conservation de toutes les parties de la machine sociale , représente donc la volonté de Dieu dans le principe fondamental de la société , et la volonté nationale dans l'exécution des lois qui en sont la conséquence ; il est donc, par le fait, placé entre le ciel et les hommes comme puissance régulatrice , dont l'action importe également et aux rapports de l'homme avec Dieu, et aux rapports des hommes entr'eux.

Si les gouvernemens veillent au bonheur des peuples, s'ils assurent l'existence physique et morale de chaque individu, chacun leur doit respect, amour et fidélité : c'est une imitation de la piété filiale , et le même sentiment pris d'une manière plus générale.

La sûreté des citoyens dépend de celle de l'état, et leur bien-être de sa prospérité ; le dévouement que chacun a pour l'ensemble de la société dont il fait partie, est un des plus grands et des plus nobles élémens de bonheur et de puissance pour le corps social. Dieu a attaché à ce sentiment, qui constitue l'amour de la patrie, la gloire et la durée des peuples.

La nature de ces propositions et leur enchaînement me paraissent suffire pour indiquer les développemens dont elles sont susceptibles. Mon but n'est que de tracer le système. Je ne donne des exemples que pour me faire mieux comprendre. J'en ai dit assez pour faire voir que, sous le rapport religieux, le gouvernement et les lois sont les premiers objets qui doivent être offerts à la vénération des peuples.

CHAPITRE VI.

Nouvelles preuves de la nécessité de la Doctrine pour affermir les résultats de la révolution, et comment l'enseignement devait en être circonscrit.

Pour qui a examiné avec attention la révolution dans ses causes, elle est bien plus morale et religieuse que politique, ou, comme je l'ai dit en commençant, elle est essentiellement l'une et l'autre ; mais comme la pensée précède les actions, il fallait régler l'une pour s'assurer des autres.

En reconnaissant une doctrine, et en la réalisant par des établissemens, c'était suivre l'impulsion donnée par l'opinion publique, c'était répondre à l'esprit de l'événement qui appelait les changemens indiqués par cette même opinion.

Ne pas reconnaître une doctrine, ne pas organiser un corps pour la conserver et l'enseigner, ne pas y soumettre les agens du gouvernement, ou ne faire ces choses qu'en partie, c'était vouloir, quant aux résultats de la révolution, n'exister qu'en partie ou ne pas exister du tout; c'était garder le pouvoir sur sa tête, avec la probabilité de ne pas le conserver, surtout, avec la certitude de ne pas le transmettre et de ne rien fonder.

Mais il aurait fallu se bien garder de l'erreur dans laquelle sont tombés ceux des hommes de la révolution qui prétendaient tout soumettre à la même opinion; c'eût été entreprendre l'impossible, que de vouloir amener par la persuasion, ou contraindre par la force, chaque individu à adopter une même doctrine. Les uns auraient résisté, parce que de bonne foi ils auraient eu une autre croyance; et cela, sans examiner que la doctrine que je viens d'établir est nécessairement le commencement de toutes les croyances religieuses, et qu'elle ne défend, en aucune façon, d'y ajouter des supplémens que l'on croit être utiles ou indispensables, comme les révélations surnaturelles, en tout ce qui ne touche pas à l'ordre public. D'autres sans tenir à aucune croyance positive, mais uniquement par esprit de parti, s'en seraient par cela même montrés encore plus éloignés.

La doctrine établie par le gouvernement eût été, non pas son secret, il n'y avait point de raison d'en faire un mystère, mais une chose qu'il se serait, jusqu'à un certain point, réservée exclusivement. Loin de vouloir y soumettre indéfiniment tout le monde, on eût obtenu qu'à des conditions expresses la faveur d'y être initié.

Mais si chaque citoyen fût resté maître de suivre le culte qu'il préfère dans sa pensée et dans son cœur, il n'en eût pas été de même des agens du gouvernement; on n'eût admis dans les fonctions publiques que ceux qui auraient avant tout reconnu et professé les principes fondamentaux du gouvernement, et des sentimens desquels on aurait été certain ; plus tard les choix ne seraient tombés que sur des sujets élevés dans les maisons consacrées à l'enseignement de la doctrine que le gouvernement eût regardé comme le principe de son existence et de son action : ce qui ne les eût pas empêchés de suivre les pratiques d'un culte quelconque.

Les maisons d'enseignement étant ouvertes à tous, on ne peut pas dire qu'il y aurait eu exclusion pour personne.

L'exécution de ce plan n'eut point éprouvé d'obstacle, si l'on se fût réduit à ce qu'on peut, à ce qui est nécessaire. Les doctrines les plus absurdes se gravent et se développent dans de jeunes têtes à raison de l'habilité, du zèle et de l'opiniâtreté qu'on met à les enseigner, ce qui a fait croire apparemment que l'absurdité était un élément indispensable de certaines croyances.

L'enseignement, dirigé d'après des idées grandes, sensées et utiles, produirait bien un autre effet. L'expérience et la réflexion détruisent l'absurdité et les vaines croyances, tandis qu'elles fortifient ce qui est raisonnable et vrai. D'ailleurs, il s'agit dans le premier âge de former les cœurs et les habitudes ; c'est moins la doctrine que l'on enseigne aux enfans, que la discipline à laquelle on les soumet qui produit ces résultats.

III.me DIVISION.

DE L'INSTITUTION.

CHAPITRE VII.

Du principe de l'Institution et de son chef.

D'APRÈS les institutions modernes, il y a dans les sociétés un ordre religieux et un ordre civil : l'homme est soumis à deux autorités. On en a fait un vrai personnage de comédie. Non - seulement

chacune de ces autorités peut lui imposer des devoirs différens ; mais il est
souvent arrivé qu'elles en ont exigé
d'absolument contraires. Je ne puis admettre cette distinction. L'homme est
UN et ne doit pas ainsi obéir à deux
maîtres à la fois ; tout devoir qui lui est
imposé par la loi lui est imposé par
Dieu même ; tout est religieux dans l'ordre politique, il ne peut donc y avoir
qu'une autorité. Le prince est chef de
l'ordre religieux et moral comme il l'est
de l'ordre politique.

En admettant même que Dieu, par des
révélations, ait voulu faire connaître
plus particulièrement aux hommes, sa
volonté et leurs devoirs, ces révélations
n'auraient point effacé la loi première
en vertu de laquelle les sociétés existent,
et qui est le titre fondamental de l'autorité publique. Les révélations sont un
perfectionnement et non une révocation.
Le prince reste donc dans l'ordre des
choses ce qu'il est dans l'ordre des
temps, c'est-à-dire chef sans partage,

pour diriger et juger les actions des hommes.

On a beaucoup écrit pour prouver qu'il ne fallait à la tête d'un gouvernement qu'un seul homme, que de cette unité dépend la force de l'état et sa tranquillité ; et les mêmes écrivains ou les politiques, qui soutiennent avec une si grande confiance cette doctrine, trouvent qu'il faut une religion dans un état, et de plus que cette religion doit être la religion catholique, la seule, selon eux, qui convienne à une monarchie.

Rien ne prouve autant combien les hommes sont inconséquens ; avec quelle légèreté on fait des livres ; avec quelle légèreté, plus grande encore, on les lit et on les juge. Quoi, vous voulez unité dans l'autorité qui gouverne, et vous admettez deux gouvernemens bien distincts, dont l'un par sa nature doit écraser, au moins tourmenter sans cesse, et paralyser l'autre ! Si quelqu'un s'avisait de proposer un semblable système, non pas tout doucement comme cela est arri-

vé, mais tout d'une pièce, tel qu'il existe
dans les rapports des princes catholiques
avec le pape, ne le regarderait-on pas
comme un extravagant, comme l'ennemi
le plus cruel de l'état ! Le prince à qui
l'on voudrait enlever les affections, la
pensée, l'ame de ses sujets, pour soumettre le tout à une puissance étrangère,
que dirait-il ? Ne verrait-il pas dans
cette proposition, la source du plus
effroyable désordre, et ce qu'il y verrait
par esprit de prévoyance seulement,
n'est-il pas aujourd'hui justifié par la
plus funeste expérience ? Cette lutte atroce, inconcevable entre les deux pouvoirs, cette lutte qui a couvert d'opprobre et de sang toutes les pages de l'histoire, comme tous les lieux où les maximes dont on l'appuie ont pénétré ; cette
lutte qui a souillé le dernier siècle, qui,
dans ce moment ensanglante les plus
belles parties de l'Europe ; qui pourrait
la révoquer en doute ? C'est un abus de
de la puissance religieuse, s'écrie-t-on;
quelle dérision ! Un abus né avec elle,

qui l'accompagne par-tout où elle pénètre, qui ne la quitte jamais, est nécessairement, sinon la religion elle-même, au moins un vice inhérent à l'esprit et à l'organisation de ses ministres. Qu'on examine leur institution ou qu'on examine certains principes de leur discipline, je ne sais, entre ces deux objets, qui doit causer le plus d'effroi. L'organisation du clergé romain qui ne fut jamais tel dans la pensée de son fondateur, n'est autre chose que la conquête de l'enthousiasme, de l'astuce d'une impudente ambition, et de l'abus de ce qu'il y a de plus sacré parmi les hommes, sur la stupidité, la crédulité et la faiblesse de notre nature.

Pour bien juger de la position où les usurpations de la cour de Rome ont mis les princes soumis à son régime, ce ne sont pas les écrits des philosophes qu'il faut lire ; mais les traités faits en France sur le pouvoir des rois. C'est-là que l'on voit de quel côté sont les avantages. Des partisans de cette cour, armés de quelques principes qu'on n'ose leur contester, de peur d'attaquer le fonds de la religion, se présentent au combat. Les champions de la puissance des rois sont obligés, pour éviter les coups, de se replier en cent façons. Tantôt ils montrent le prince comme *magistrat politique*, et, à ce titre, il agit directement et en vertu de son pouvoir, tantôt comme *protecteur de la discipline ecclésiastique, médiateur, conciliateur, etc.* ; à l'aide de ces distinctions subtiles, on vient à bout de dégager assez la puissance des rois, pour en faire quelque chose ; mais telle qu'elle en sort, quoique embarrassée, humiliée, incertaine, l'agresseur la conteste et ne veut pas la reconnaître ; et l'on a vu des princes, même dans la seconde moitié du dernier siècle, se résigner et se soumettre. Quelle physionomie peut avoir une nation gouvernée par de semblables principes ?

L'unité dans l'affection des peuples est bien aussi indispensable, et sa nécessité non moins facile à démontrer que l'unité dans l'individu physique qui gouverne. Il fallait des tems aussi affreux que ceux qui ont accompagné l'empire romain, et qui ont suivi sa destruction, pour que l'on parvint à dépouiller ainsi les gouvernemens du plus précieux attribut de leur puissance, ou pour parler plus juste de leur véritable puissance. Il fallait toute l'ignorance, toute la légèreté qui doivent régner dans les cours, et de plus tout l'ascendant d'une croyance à laquelle ils étaient eux - mêmes soumis, pour que les princes ne se révoltassent pas contre une usurpation aussi fatale.

Je le répète, un des premiers et des plus beaux effets de la révolution, devait être de réunir ce qui n'aurait jamais dû être séparé.

L'on a déjà pu remarquer que je ne proscris aucun culte ; mais le prince, par la nature de ses hautes fonctions, et en vertu des pouvoirs qui lui sont attribués, pour la conservation du principe fondamental des sociétés, en est le chef suprême, pour les co-ordonner au but de son établissement et au bon ordre, à plus forte raison est-il chef de l'institution formée pour faire rentrer l'homme dans le sein de la vérité, et le mettre à l'abri des violences que l'on voudrait exercer au nom de la divinité.

Le gouvernement, ou le prince, aurait établi sous sa surveillance immédiate, et comme partie de ses conseils, un conseil suprême de doctrine et de discipline.

L'organisation du clergé romain, fruit de longs efforts et de l'expérience, est peut-être ce que l'on a imaginé de plus redoutable pour exercer sur les individus la plus grande influence ; je crois donc que, pour maintenir la discipline et la subordination dans l'institution dont je m'occupe, on n'aurait pu adopter un modèle mieux choisi et plus utile. C'est ainsi que je ne m'écarte point de cette observation, qu'il faut en tout reprendre dans les choses même les plus dangereuses, ce qu'elles peuvent avoir de bien conçu, soit dans leur principe, soit dans leurs formes.

(*) . . . .
. . . . , ...

CHAPITRE VIII.

De la Discipline.

L'ON n'eût pas seulement exigé des membres de l'institution, une instruction déterminée, et les mœurs les plus sévères, on les aurait encore soumis à ces pratiques rigoureuses, qui forment et maintiennent les habitudes, qui accoutument à se respecter, et qui inspirent le respect.

Une surveillance continuelle, active, clairvoyante, dont le prince aurait im-

---

(*) Je supprime les détails de l'organisation, qui sont pour le moment sans utilité et sans intérêt.

primé le premier mouvement, se serait portée avec activité jusque sur les points les plus éloignés, et, revenant pour ainsi dire par les mêmes canaux, elle aurait imposé au prince lui-même, l'obligation de donner tous les bons exemples.

L'un des points de discipline les plus essentiels, eût été que les membres de l'institution n'auraient jamais pu dire, ou lire en public, que ce qui leur aurait été transmis par une autorité supérieure.

Un autre point non moins impérieusement prescrit, eût consisté dans la défense, sous les peines les plus sévères, de ne jamais se permettre la moindre réflexion sur les différentes religions, qui toutes auraient pu être pratiquées librement, pourvu qu'elles l'eussent été publiquement.

CHAPITRE IX.

Des attributions de l'Institution.

LES membres de l'institution auraient été chargés de l'enseignement dans toutes les maisons consacrées à cet objet.

Nul n'aurait pu être chargé d'une fonction publique, s'il n'avait été élevé dans une maison de l'institution.

Les membres de l'institution auraient été chargés de l'administration de tous les établissemens de bienfaisance.

Les chefs d'institution, dans chaque département, auraient été chargés de la surveillance des établissemens d'instruction publique et de bienfaisance, du maintien de la doctrine et de la discipline, parmi les officiers de toutes les classes, en outre de tous les actes extraordinaires qui leur auraient été prescrits par le gouvernement.

Les officiers des communes auraient été chargés de lire en public, à des jours désignés , les actes du gouvernement avec les réflexions qui y auraient été jointes ; de recevoir les actes de l'état civil ; de recueillir les aumônes , de les solliciter , d'en faire une sage distribution , de donner des secours et des consolations aux malades , de la surveillance des petites écoles ou écoles primaires, etc.

~~~~~~

CHAPITRE X.

De la création d'une Censure morale.

Dans l'ordre et l'esprit des fonctions qui viennent d'être assignées aux membres de l'institution , ils n'exerceraient qu'une influence bien faible sur la conduite des administrés. Le gouvernement n'approcherait pas assez de la pensée de ces derniers , ne pénétrerait pas assez avant dans leurs intentions ; ses agens ont besoin d'une attribution qui fixe l'attention des familles , qui agisse sur les consciences , et les environne d'une consi-
~~~~~~

dération nécessaire , qui donne au gouvernement , relativement à la conduite de chaque particulier , les garanties et les avantages qu'il doit attendre d'un aussi grand et d'un aussi important établissement.

Un des plus graves inconvéniens des religions , quelle qu'en soit la cause , est de perdre de leur force à fur et mesure que la civilisation fait des progrès. Alors les mœurs se relâchent , la puissance de l'habitude et le frein de la conscience ne suffisent plus pour retenir les individus dans le devoir et dans la ligne d'une vie sage et réservée. Si un nouvel ordre de choses dans ce cas , n'est pas absolument indispensable , au moins serait-il très-utile. Il faut des moyens de répression pour les actes qui , dans l'intérieur des familles , comme dans les lieux publics , peuvent être un sujet de scandale ou une cause de désordre.

Dans nos états modernes , les religions seules exercent cette espèce de censure , et remplissent cet office ; lors même qu'elles sont dans leur vigueur, elles le remplissent mal, surtout celles qui ne s'occupent que de choses étrangères au gouvernement, si elles ne lui sont contraires, qui punissent sévèrement l'omission de pratiques au moins inutiles, et qui tolèrent la violation de certaines lois, quand elles ne les provoquent pas.

Lorsque la foi s'affaiblit, les religions n'exercent plus d'empire sur ceux qui s'en détachent, quand ce ne serait que par la pensée; le plus grand nombre ne suit leurs pratiques que froidement, et par un reste d'habitude; elles ne dominent réellement que les personnes dévouées aux prêtres, et dans les campagnes, comme au milieu des villes, lorsque beaucoup d'individus ont secoué cette espèce de joug, où est le frein qui les arrêtera, d'où partira la voix qui les rappelera à leur devoir?

Le gouvernement civil, tel qu'il est organisé, n'a aucun moyen de puissance morale : son autorité, sous ce rapport, commence avec le code de police municipale, et ne va pas au-delà du code criminel. Il est de fait qu'entre les actes d'une conduite scandaleuse et un délit caractérisé, il y a une intervalle que rien ne remplit.

Il faut donc dans l'ordre moral une sorte de juridiction, au moins imitée de celle qui existe dans l'ordre civil, et modifiée selon le but qu'on se propose.

La juridiction est le plus grand moyen qu'on puisse employer pour affermir le pouvoir dans la main de ceux qui gouvernent. C'est par la juridiction que les rois de France ont dépouillé les seigneurs, tout puissans qu'ils étaient, et qu'ils ont rallié à leur autorité les différentes parties d'un état en dissolution. C'est encore par la juridiction qu'ils ont souvent paralisé les entreprises ultramontaines. Dans le premier cas, ils semblaient n'exercer leur pouvoir que sur des propriétés particulières; dans le second, ils n'agissaient que négativement. Cependant la voie qu'ils avaient adoptée leur a suffi pour reconquérir une autorité respectable. Ici, où il s'agissait de pénétrer jusqu'au cœur des citoyens, sans charlatanisme et sans mettre en jeu des terreurs ou des espérances, le but était difficile à remplir. Je crois cependant qu'il ne fallait pas en désespérer.

J'aurais proposé de former, dans chaque chef-lieu de canton, un tribunal de censure, composé tour-à-tour des officiers de morale des communes formant le canton.

Cette espèce de juridiction eût connu des atteintes portées aux mœurs publiques, de la désobéissance des enfans envers leurs père et mère, du mauvais exemple donné par les père et mère à leurs enfans, des querelles entre époux, du divorce, des fautes des domestiques envers leurs maîtres, des violences de ceux-ci envers leurs domestiques, etc. Afin qu'un pareil établissement n'eût jamais pu inquiéter les familles, hors les cas de scandale public, il n'eût jamais pu rien faire d'office ; il aurait connu uniquement des plaintes qui lui auraient

été portées par les intéressés. D'ailleurs ,
on eût employé les moyens propres à
prévenir les abus d'autorité.

C'est au nom de Dieu , et du prince
son représentant visible , et l'organe
de la volonté publique, que ce tribunal
aurait prononcé ses jugemens. Des amen-
des, la privation des emplois, ou de certains droits , un nombre de jours passés
dans des salles de discipline auraient été
les châtimens.

Il est aisé de voir combien les hommes
chargés d'un tel pouvoir , soumis eux-
mêmes à la discipline la plus sévère , auraient été à l'instant ménagés et respec-
tés ! Quelle influence leur présence aurait eu sur les mœurs et sur les esprits !
Avec une telle institution , la soumission
aux lois et aux actes du gouvernement
eût bientôt été sans bornes , l'intérêt seul
eût assuré sa réussite.

Je ne fais qu'indiquer les bases de la
doctrine et de la discipline. Leur développement aurait été l'objet des travaux
du conseil suprême , instruit par une

vaste correspondance et par des rensei-
gnemens de tous les instans, de la situation et des besoins de l'institution.

CHAPITRE XI.

De la mise en activité de l'Institution.

JE ne dissimule pas que le moment où il
aurait été question de créer cette im-
mense machine, et de lui donner l'impulsion, eût été difficile; mais l'entreprise était si noble, ses résultats si beaux,
si glorieux, que le zèle eût vaincu tous
les obstacles.

Une foule d'hommes, déplacés par la
révolution, eussent été réunis dans des
écoles normales, qui auraient été les premiers séminaires; en même temps qu'on
leur aurait donné l'instruction conve-
nable, on aurait étudié leur capacité,
le caractère de leur esprit. Des informa-
tions auraient été prises sur leurs mœurs

et leur conduite. Chacun aurait ensuite reçu la mission qui aurait convenu à son zèle et à ses talens.

CHAPITRE XII.

Conclusion.

En ralliant les hommes de la révolution, ou au moins la plus grande partie, à une doctrine fixe, on faisait cesser la divergence ou le mal entendu dans les opinions, par conséquent on détruisait les factions dans leur source.

En les attachant d'une manière stable aux emplois de l'institution, et en les soumettant à une discipline rigoureuse dont ils étaient eux-mêmes les ministres, on les tranquilisait sur leur existence, on utilisait sans danger leur énergie; en un mot, on trouvait dans cette mesure l'avantage de les disperser, de les indemniser, et de les contenir en les occupant.

Organes fidèles du gouvernement, surveillans consacrés au maintien de son autorité et des lois, on eût retrouvé par ce moyen ce qu'il y avait de bon et d'utile dans les sociétés populaires. C'était l'organisation durable et nécessaire de leur action et de leur esprit. Sous les rapports religieux, moraux et civils ils eussent été des points d'appui, et des agens dévoués sur tous les points du territoire.

Le gouvernement, établi sur une base solide, aurait pris de la confiance dans sa force. Délivré de ces craintes perpétuelles qui font naître et multiplient les soupçons, il eût cessé d'avoir recours à ces mesures de sûreté qui gênent souvent plus les bons citoyens qu'elles ne répriment les mauvais. Il n'aurait pas vu par-tout des ennemis, parce qu'il aurait cessé de craindre ses ennemis réels. L'accès du pays fut devenu libre, sans distinction de personnes, parce que les mal-intentionnés eussent été environnés d'une lumière qui ne leur aurait pas permis de donner suite à leurs projets.

La pratique des cultes n'eût éprouvé aucune contrainte et n'eût point nui au succès de l'établisssment. Tout doit céder à une opinion qui n'attaque aucune opinion, aucun préjugé, aucune fantaisie, qui n'agit que sur elle-même pour se perfectionner chaque jour davantage, qui recueille toutes les lumières ; mais seulement pour les conserver, et qui ne les distribue qu'à ceux qui viennent les chercher dans son sein. Il faut que les hommes soient libres, même de n'être ni raisonnables ni sensés ; et cette liberté est le moyen le plus puissant qu'on puisse employer pour qu'ils le deviennent.

L'esprit public maintenu, développé par une cause aussi puissante et toujours agissante, eût rendu la nation chaque jour plus formidable. Cet aspect d'une organisation sans exemple en eût plus imposé que les plus redoutables armées.

L'administration n'eût pu être ignorante au milieu de ce concours de toutes les lumières.

Un gouvernement habile eût été sage

et généreux quand ce n'aurait été que par esprit de calcul. La véritable liberté serait née d'un ordre de choses où le moindre acte de violence eût paru, avant tout, la plus mauvaise des combinaisons pour bien gouverner.

Le gouvernement eût été stable comme le principe sur lequel il aurait été assis. Qui peut prouver que Dieu n'existe pas? qui oserait dire que les hommes ne se doivent pas un appui réciproque, qu'un père ne doit pas le bon exemple à ses enfans, que les enfans ne doivent pas respecter leur père? etc.

Le corps organisé pour le maintenir n'en reçoit-il pas la force qu'il lui donne; d'ailleurs les corps ont une volonté de tradition que chaque jour fortifie. Cette volonté est essentiellement conservatrice.

Au contraire, la volonté de l'individu est capricieuse et sans suite, elle ne peut rien maintenir ni fortifier, elle est essentiellement destructive.

C'est une conséquence de la nature

des choses, les corps se fortifient par le temps, et les individus se détruisent.

Le principe sur lequel le gouvernement eût été fondé, les travaux des savans, l'opinion des hommes éclairés, les vœux des gens de bien se seraient trouvés dans une parfaite harmonie. Tous les sentimens auraient été dirigés sans obstacle, comme sans partage, vers un but commun, la sûreté, la prospérité, la gloire de l'état, la liberté et le bonheur de chaque individu.

Tous les systèmes qui ont pour principe d'anéantir les passions des hommes peuvent produire des effets même assez étonnans dans les premiers momens d'enthousiasme ; voyez les Stoïciens, suivez la marche du christianisme ; mais bientôt la nature reprend ses droits, et ces préceptes si rigoureux n'enfantent plus que l'hypocrisie ou d'effroyables désordres. La sagesse consiste à diriger les facultés et les passions des hommes ; tels sont essentiellement le caractère et l'esprit de l'institution que j'aurais proposée.

Je ne conçois point d'objections sé-
rieuses contre ce plan. Il était tracé en
quelque sorte par la nature et la puissance du grand événement de la révolution. Il sera réalisé dès qu'on voudra
avoir des institutions inattaquables et
exclusivement utiles. L'établissement et
le succès de l'institution auraient ré-
pondu à tous les argumens qu'on y eût
opposés.

Dans une organisation aussi vicieuse,
aussi incohérente que la nôtre, la presque
totalité des hommes réfléchit peu et rai-
sonne mal, parce que leur sens est inter-
verti dès le premier moment de leur éducation. Toute conception nouvelle paraît
une monstruosité à des esprits faibles,
remplis de préventions, et qui ne veuleut
pas s'en départir ; aussi je ne doute pas
que si jamais ces idées étaient mises au
jour, et qu'elles fussent rédigées de manière à fixer l'attention publique, on ne
se hâtât d'y répondre avant de les avoir
examinées. Je ne serais pas même étonné
d'être improuvé par plusieurs de ceux

qui font les mêmes vœux que moi, mais qui, sans y avoir peut-être autant réfléchi, croyent qu'il suffit de prononcer le mot *liberté*, pour que les nations soient libres et heureuses.

Je répondrais aux uns : ce n'est pas ma faute si vos croyances, si les objets ds vos plus tendres affections, de vos plus douces espérances croulent, et si vous ne pouvez les soutenir. Je ne les proscris pas, je ne veux que remplir le vide qu'ils laissent.

Je dirais aux autres : vous sentez comme moi qu'une régénération est nésessaire. Vos essais n'ont point paru répondre à vos desirs, parce qu'ils étaient, ou faux dans leur principe, ou insuffisans dans leurs moyens. J'avoue que, quand il s'agit de réformer des nations nombreuses et vieillies, les institutions données à de petits peuples dans l'enfance me paraissent des modèles qui, loin d'être utiles, sont toujours dangereux ; c'est donc dans un autre ordre d'idées, et par de nouveaux moyens, qu'il faut chercher à assurer la liberté, sans nuire au bon ordre et à la subordination : conditions indispensables chez des peuples qui ne peuvent soutenir leur existence que par le travail, non pas d'un certain nombre, mais de tous les membres d'une société.

Je crois avoir démontré jusqu'à l'évidence quel était le besoin et même la nécessité d'une institution morale ; tel était le plan que je croyais devoir proposer pour l'établir. Je me serais empressé d'en accueillir un meilleur si on l'eût présenté. Je vais plus loin : aujourd'hui même, que les choses paraissent avoir pris une face si différente, elles ne sont cependant pas aussi changées que bien des gens le croyent, il serait facile d'en saisir l'idée principale, pour en rapprocher, autant que possible, l'action des diverses croyances religieuses.

FIN.

APPENDICE.

QUELQUES RÉFLEXIONS SUR L'ÉTAT ACTUEL DES CHOSES.

§. Ier.

Observations générales.

Le gouvernement a adopté toutes les religions; il salarie les ministres des différentes communions chrétiennes. Grâces soient mille fois rendues à cette philosophie du dix-huitième siècle, tant calomniée par ceux même qui jouissent de ses bienfaits! Il s'en remet à ces cultes divers du soin de former le cœur, et d'éclairer la conduite de ses administrés.

Je n'en donne pas moins mon plan, comme le type de ce qui devrait être. C'est en partant des principes qu'il renferme, que le gouvernement, à toutes les époques, quels que soient le caractère et la capacité de son chef, sera inébranlable dans ses résolutions, se préservera des attaques qui lui seront portées, dans la vue de pervertir ses intentions et de corrompre son impartialité. La force de ces principes, en agissant également sur les simples citoyens comme sur les ministres des différens cultes, éclairera les uns sur leurs véritables devoirs, et préviendra les entreprises des autres ; elle rendra les premiers plus confians, et les seconds plus circonspects ; elle fera rentrer leur action et leurs efforts dans les desseins et la politique du gouvernement, dont l'autorité deviendra par cela même d'autant plus respectable et plus salutaire. D'un autre côté, l'obéissance sera plus entière, si, par un sentiment unanime et une conviction réciproque, tout concourt à l'exécution de ses volontés.

Mais il ne suffit pas de considérer les principes que j'ai établis, comme une théorie raisonnable, qui doive réunir l'assentiment des hommes sensés et des bons citoyens; il faudrait qu'ils fussent reconnus publiquement et proclamés; que le caractère et l'autorité du gouvernement, par rapport aux religions diverses, fussent déterminés d'une manière patente et solennelle : sans quoi l'ordre politique manquera d'une base certaine; il restera dans un vague qui le livre en proie à tous les faux systèmes, et aux catastrophes qui en résultent, quand une fois des prétentions contraires engendrent des factions, ou qu'elles en deviennent le prétexte et l'appui.

En admettant que le gouvernement ne veuille pas adopter le grand établissement qui n'est que le développement sensible et l'organe de sa pensée en morale, on conviendra du moins qu'il serait d'une nécessité urgente de consacrer par des réglemens de discipline, ce qu'il doit être aux yeux des peuples et des différens cultes. Par ce moyen, il retrouvera une partie des avantages qu'il eût obtenus d'une institution uniforme et pure; il évitera, jusqu'à un certain point, les inconvéniens attachés à la divergence, à l'éloi-

11*

gnement respectif des diverses croyances, au mauvais esprit et à la tendance
toujours dangereuse de quelques-unes.

Je vais fixer, pour exemple, l'attention
du lecteur sur quelques points principaux,
ainsi que je l'ai annoncé dans l'introduction.

§. II.

De l'autorité du gouvernement par rap-
port aux religions.

Rien n'est plus simple que cette question, considérée en elle-même, et pour
des esprits indépendans; rien n'est plus
compliqué, si vous écoutez, soit les écrivains qui ont traité de ces matières, soit
les prétentions des corps ecclésiastiques.

Les auteurs qui ont traité de l'autorité
des princes, ont fait des concessions qui
leur ôtent tout moyen de la défendre
réellement avec avantage, et d'en fixer
les attributions. Ils conviennent qu'en
matière de foi, le prince n'a aucun droit;
que quant à la discipline, il peut en examiner les réglemens, en suspendre l'exé-

cution ; mais ces choses se confondent tellement, que la ligne de démarcation est encore à trouver.

D'une autre part, les corps ecclésiastiques reconnaissent la souveraineté des princes, quant au temporel; mais ce temporel, d'après leur doctrine, se réduit à si peu de chose, qu'on ne sait véritablement en quoi il consiste : maîtres des consciences, il leur suffit de la plus petite contrariété pour qu'ils y jettent l'alarme. En effet, que répondre à ceux qui peuvent dire aux princes et aux peuples : *croyez, ou craignez des peines éternelles* ? En vertu d'une telle menace, on impose des lois. Ces lois sont ce que veut l'autorité qui les dicte ; il faut donc se soumettre, ou déclarer qu'on ne croit pas; et la plus légère hésitation est un crime. Les princes, dans cette alternative, ou de compromettre leur pouvoir, où de s'exposer aux foudres de l'église, se sont débattus, ont voulu poser des limites qu'ils ont invoquées sous le titre de *libertés*. On connaît la fameuse déclaration de la fin du xviie. siècle; l'autorité voulut s'en faire un rempart, rempart bien fragile, puisqu'elle fut l'occasion d'un schisme, et que les membres les plus marquans du clergé de France la rejetèrent.

En supposant qu'elle eût été unanimement admise, d'où émanait cette déclaration? D'un corps particulier dans la nation : ce corps imposait donc la loi à la nation et au prince; et si, au lieu de reconnaître quelques règles en faveur de l'autorité dite civile, ce corps avait adopté une doctrine contraire, le procès en faveur de quelque indépendance pour le prince et la nation était donc perdu? C'est pourtant au milieu de ce conflit de prétentions timides d'un côté, astucieuses, audacieuses, révoltantes de l'autre, que des siècles se sont écoulés, et que nous sommes encore placés aujourd'hui, malgré une autorité ferme et la raison du siècle; car il n'y a ni raison ni autorité pour celui qui ne reconnaît ni patrie ni prince, qu'autant qu'il leur donne des lois.

Il faut tarir cette source de discordes qui affligent plus ou moins l'état et les familles. Si on ne peut obtenir un succès assez rapide, il convient au moins d'en détruire les causes pour l'avenir.

Sans attaquer aucune opinion religieuse, il suffit de n'en être pas l'esclave, pour reconnaître la vérité. La plus faible analyse la mettra dans son évidence pour qui la cherche sans crainte comme sans prévention.

Je vais répéter ici ce que j'ai dit dans le corps de l'ouvrage, afin d'en faire une application plus directe.

Quand Dieu a créé les hommes, prétendra-t-on qu'ils ne devaient pas reconnaître sa puissance, ni se soumettre à des règles de conduite? Non, sans doute. Eh bien! si Dieu a placé ces règles dans leur cœur, s'il leur a imposé la nécessité de les observer, sous peine de ne pouvoir vivre ensemble, si, en effet, ils y ont vécu plus ou moins bien, selon qu'ils en ont été les observateurs plus ou moins fidèles, quel est le caractère de ces règles? Ne sont-elles pas une véritable *révélation*?

Les révélations postérieures ont-elles détruit celle-ci? Non: bien loin de là, elles l'ont confirmée dans les termes les plus formels. Elles ne sont donc qu'un développement plus particulier de la volonté de Dieu, qu'un moyen pour l'homme de devenir plus parfait à ses yeux ; lors donc qu'il croit à ces révélations secondaires, il ne doit jamais perdre de vue la première de toutes, qui, étant incontestable, et reconnue par tous les peuples, comme par chaque individu, doit servir à limiter et à expliquer les révélations spéciales, si on voulait étendre ou intervertir leurs dispositions.

L'autorité du prince étant une émanation de la première révélation, confirmée et toujours dans sa force, il est, en vertu du principe de sa création, le régulateur et le chef de toutes les révélations ; il les réunit dans son sein, pour protéger même l'erreur, puisque Dieu la permet.

Le prince reste donc dans l'ordre des choses ce qu'il est dans l'ordre des temps. Son droit, qui prend sa source dans la nature de l'homme et dans les volontés du Créateur, n'étant ni changé ni altéré par des dispositions postérieures, quelque sacrées qu'on les suppose, il est chef spirituel et religieux, comme il est chef politique de l'état. Ne pas le présenter comme tel aux yeux du peuple, c'est porter atteinte à son autorité et aux droits des nations, c'est les méconnaître, c'est ravir au prince son plus beau privilége, c'est ôter aux lois leur force et leur véritable garantie, c'est attaquer Dieu même dans la manifestation la plus palpable de ses volontés.

Le prince, aux droits des peuples, est donc chef suprême, non pas de telle ou telle religion, mais de toutes ; et les chefs de chacune ne peuvent être que ses subordonnés.

§. III.

De l'autorité des Papes.

On s'est élevé avec force contre l'abus que les papes ont fait de leur autorité, contre leurs prétentions scandaleuses ; l'on peut dire que toute leur histoire, en effet, n'est qu'un long scandale ; et pourquoi ? c'est que tout est usurpation dans cette autorité, usurpation, domination injuste sur les ministres de la religion en général, usurpation sur le pouvoir des princes et les droits des peuples. Elle n'a aucun principe réel, aucun fondement ; c'est un échaffaudage élevé par l'ambition sur la terreur : aussi son action n'a guères produit que des malheurs et des désordres.

En admettant la primauté du pape sur les évêques, ce qui est très-contestable, on pourrait le considérer, non pas encore comme chef, mais comme point central de la foi. Sous ce rapport, son autorité ne peut être qu'une autorité consultative : c'est l'autorité de la sagesse et de l'expérience. Reconnu comme moyen de communication entre toutes les églises, il pourrait donner ses soins, soit à recueillir, soit à répandre les bonnes doctrines ; et encore combien une telle correspondance ne devrait-elle pas être surveillée, pour prévenir l'abus qu'on pourrait en faire !

Mais reconnaître un étranger comme chef immédiat du corps le plus puissant et le plus influent dans l'état, reconnaître qu'il peut lui donner des lois, organiser, instituer, et que le prince n'a de ressources contre ces entreprises que des appels comme d'abus, dont encore on lui conteste le droit; pour croire de pareils désordres possibles, il faut qu'ils aient existé pendant des siècles, tant ils sont étranges et inconcevables!

Ce combat, à peu près continuel, entre le prince et une autorité d'autant plus redoutable, qu'elle ne repose que sur des illusions, est un obstacle insurmontable au bonheur des peuples et à un ordre régulier. Sous de tels auspices, il ne peut y avoir d'harmonie ni dans l'état ni dans les familles : il n'y a, à le bien prendre, ni corps politique, ni patrie; le prince et les lois sont également compromis. C'est donc encore un point important, qu'une autorité qui est le fruit de l'erreur, qui a été une source d'abus et de discordes, soit reconnue pour ce qu'elle est, et replacée sur la ligne qui lui appartient.

§. IV.

Du texte de l'Évangile : rendez à César, etc.

« Rendez à César ce qui est à César, et à Dieu
ce qui est à Dieu. »

On prétend que ce texte assure l'indépendance du prince, et que, base des autorités spirituelle et temporelle, il en détermine encore les limites. Les princes ont
paru se trouver heureux de pouvoir se
placer sous cette égide. Leurs orateurs, les
écrivains qui ont défendu leur cause, en
ont argumenté comme d'un principe fondamental : il semble qu'ils puissent résister à tout avec une arme qui n'a, dans aucun cas, arrêté le mal, que quand le prêtre,
par toute autre cause, s'est trouvé dans
l'impossibilité de le faire.

On n'a jamais érigé en principe une absurdité plus palpable. Comment concevoir
en effet que Dieu veuille faire de César
une autorité indépendante, et qu'il lui
dise : sous tel et tel rapport, vous êtes
maître absolu, comme je le suis sous tel

autre ? Je ne toucherai point à vos attributions, vous respecterez les miennes : ainsi nous voilà deux autorités bien distinctes, et il faut espérer que personne ne s'y trompera.

Dieu, dans cette affaire, a déjà un grand avantage sur César : c'est qu'il donne la loi, et que César la reçoit. Où sont pour celui-ci les moyens de sanction et de garantie ? Qui retiendra Dieu dans ses attributions, s'il lui vient en tête de les franchir ? Mais s'il se fâche, s'il cite César à son tribunal, s'il met le séquestre sur ses biens, s'il le fait fustiger dans les cours de son palais, comme il est arrivé à des empereurs d'Allemagne, et même à des rois de France ; et si cependant Dieu a tort, que deviendra César ? A quel Saint se recommandera-t-il ?

Si quelque ame honnête, aimant la justice, s'avise de prendre son parti, et que Dieu, appuyé sur son tonnerre, répète ces terribles paroles : *il vaut mieux obéir à Dieu qu'aux hommes*, que devient encore César ?

De bonne foi , Dieu ne peut pas émettre des principes qui aient de semblables conséquences , ni proclamer de telles absurdités. Un législateur divin aurait senti qu'il compromettait sa mission, en donnant à ce texte le sens qu'on lui prête. Je suis loin d'avoir l'instruction nécessaire pour le vérifier dans les originaux, si tant est qu'il y en ait ; mais il me semble que le simple bon sens suffit pour l'apprécier. Si Dieu a parlé , il est évident que ses paroles ont été corrompues ; il ne peut avoir dit rien autre chose , sinon : *Rendez à César ce qui appartient à César , car c'est rendre à Dieu ce qui appartient à Dieu.*

Ces paroles ont du sens, elles sont conséquentes au principe , elles sont nécessaires même au bon ordre comme à l'autorité. Avec une telle maxime, Dieu est à sa place, et César à la sienne. Dieu n'est plus en parallèle avec César pour l'écraser ; mais il le place au-dessous de lui, pour le diriger et le soutenir. Le sort de César est moins brillant pour un ambitieux , qui trouverait bon de lutter avec la Divinité ; mais dans cet état de subordination, il est plus assuré s'il est plus modeste.

Que penseront les peuples de César en le voyant ainsi maltraité ? quels seront au contraire leurs sentimens, si on leur montre constamment dans César l'organe de la volonté de Dieu et des lois ?

§. V.

D'un autre texte de l'Évangile.

« Je vous donnerai aussi les clefs du
» royaume des cieux ; et tout ce que
» vous lierez sur la terre, sera lié dans
» le ciel, et tout ce que vous délierez sur
» la terre, sera délié dans le ciel. »
C'est appuyés sur ce texte, que les papes ont prétendu à la souveraineté du monde, et qu'ils y marchaient à grands pas. Ce qu'il y a de remarquable, c'est que, d'après la doctrine établie et reconnue, ils avaient raison ; leurs argumens sont foudroyans, et lorsque César veut répondre, il ne fait que balbutier. César eût succombé dans

cette lutte , et le monde était asservi , si le bon sens des hommes ne résistait , pour ainsi dire à leur insu , aux dangers de semblables doctrines. Une opinion en quelque sorte inconnue , mais générale , et la force d'inertie, ont plus servi l'humanité que tous les raisonnemens.

Il faudrait donc encore que ce texte fût expliqué, et réduit à ce qu'il doit être, pour cesser d'être dangereux ; il serait indispensable de réclamer pour le prince la portion d'autorité qui lui appartient dans cette disposition.

Que le prêtre lie et délie pour ce qui concerne le fond de la croyance, à la bonne heure ! Mais de quel droit lierait-il et délierait-il relativement aux actes qui émanent d'une autorité dont, quoique prêtre, il n'est que le subordonné ? Pour lier et délier dans tout ce qui touche à l'ordre public et aux lois de l'état , il faudrait qu'il eût les pouvoirs du prince , qui, aux termes de son institution , a seul titre pour punir ou pardonner les actions contraires au bon ordre et aux lois.

L'autorité du prince serait bien plus sacrée aux yeux des peuples, si c'était en son nom qu'on fît la remise des fautes qui offensent la société dont il est le chef : par-là, ce qui est une usurpation, un désordre, deviendrait un grand moyen de subordination.

Dans les gouvernemens réguliers, le prince doit trouver, par la confiance et la vénération, ce que les gouvernemens absolus obtiennent par l'arbitraire.

CONCLUSION.

Pour constituer en ce moment un état de choses qui rentrât dans l'esprit de la révolution, il faudrait,

1°. Que le caractère du prince et des lois fût reconnu comme essentiellement religieux, que cette doctrine fût proclamée et avouée par les peuples;

2°. Que le prince fût proclamé, non pas comme chef de telle ou telle religion, mais comme ayant en lui le principe de toutes les croyances, et, à ce titre, comme les dominant toutes;

3°. Comme seul ayant le pouvoir, au nom de Dieu et du peuple, de remettre les fautes qui blessent la société et les lois ;

4°. Enfin, qu'aucune autre autorité que la sienne ne pût être invoquée dans l'état, et que rien ne pût y être arrangé ni établi que par sa volonté, sauf les formes établies pour garantir la sagesse de ses décisions : ce qui constitue l'ordre politique.

Avec des modifications de cette nature, on rapprocherait l'influence des cultes de la volonté et de l'action du gouvernement, on rallierait les meilleurs citoyens à une prière commune, et on rendrait de la considération aux ministres des différentes religions. Qu'on ne s'y trompe pas, le prêtre ne reprendra un rang dans la société, et son ministère ne sera utile, qu'autant qu'il sera retrempé dans le sein de l'autorité politique, et qu'il se pénétrera de l'esprit et de l'intérêt de la nation.

FIN.

TABLE

DES

CHAPITRES.

INTRODUCTION. Idée générale et plan de cet écrit. . . . . ^{Pag.} 1

PREMIÈRE PARTIE.

De la Puissance morale dans la Révolution.

CHAP. Ier. Caractère de la puissance publique. 7

CHAP. II. De l'esprit de la révolution. . 9

CHAP. III. L'institution religieuse et morale, considérée comme premier élément de l'ordre social. 12

CHAP. IV. Pourquoi, dans la révolution, l'institution religieuse fut renversée, et son utilité reconnue. 14

CHAP. V. La force du gouvernement fut, dans la révolution, l'effet d'une doctrine instituée. 17

CHAP. VI. Examen de la doctrine relativement à la souveraineté. 20

Pag.

CHAP. VII. Examen de la doctrine relativement à la liberté. 24

CHAP. VIII. Examen de la doctrine relativement à l'égalité. 26

CHAP. IX. De la doctrine relativement à l'amour de la patrie. 27

CHAP. X. Observation générale. . . . 28

CHAP. XI. Examen de l'institution . . . 30

CHAP. XII. Dissolution de l'institution, et ses conséquences 32

CHAP. XIII. Que l'absence d'une institution morale a été la principale cause des événemens qui ont eu lieu sous la Constitution de l'an 3, ainsi que de son renversement. 34

CHAP. XIV. Du clergé romain. 40

CHAP. XV. Combien il était difficile de fonder une institution morale. . . 47

CHAP. XVI. De l'opinion des hommes les plus considérés alors. 49

CHAP. XVII. Pouvait-on adopter comme institution morale, l'une des religions existantes? 52

CHAP. XVIII. Du catholicisme. 55

CHAP. XIX. Du protestantisme 65

CHAP. XX. De la théophilantropie. . . 66

CHAP. XXI. De la tolérance en fait de religion. 67

Pag.

Chap. XXII. Autres considérations tirées de la disposition des esprits avant la révolution. 72

Chap. XXIII. Prétentions singulières, et embarras des gouvernemens modernes. 76

Chap. XXIV. Résumé et conclusion. . . 80

SECONDE PARTIE.

Du Principe fondamental des Sociétés et de l'Institution propre à en assurer l'exécution.

INTRODUCTION 83

Première Division. — *De la Doctrine politique.*

Chap. Ier. Principe fondamental des sociétés. 85

Chap. II. De la souveraineté 88

Chap. III. De la liberté et de l'égalité . . 94

Chap. IV. De la nécessité d'un corps de doctrine morale enseignée au nom du prince. 104

Deuxième Division. — *De la Doctrine morale.*

Chap. V. Comment il convient de lier les découvertes des savans à l'action du gouvernement et à l'enseignement de la morale 108

Pag.

Chap. VI. Principes généraux de morale. 118

Chap. VI *bis*. Nouvelles preuves de la nécessité de la doctrine pour affermir les résultats de la révolution, et comment l'enseignement devait en être circonscrit 123

Troisième Division. — *De l'Institution.*

Chap. VII. Du principe de l'institution, et de son chef 127

Chap. VIII. De la discipline 135

Chap. IX. Des attributions de l'institution. 137

Chap. X. De la création d'une censure morale. 138

Chap. XI. De la mise en activité de l'institution. 144

Chap. XII. Conclusion. 145

APPENDICE.

Quelques réflexions sur l'état actuel des choses.

§. Ier. Observations générales. 153

§. II. De l'autorité du gouvernement, par rapport aux religions. 156

§. III. De l'autorité des papes. 161

§. IV. Du texte de l'Évangile : *Rendez à César*, etc. 164

§. V. D'un autre texte de l'Évangile, . . 167

Conclusion. 169

Fin de la Table des Chapitres.

9 782329 810522